한국농어촌공사

직업기초능력평가

봉투모의고사

1회

박문각

제1회 직업기초능력평가

	공통	의사소통능력, 수리능력, 문제해결능력, 정보능력	총 50문항 / 50분
선택	경상, 법정, 농학, 전산 등	자원관리능력	
	토목일반, 조경, 기계 등	기술능력	

01 다음 글의 빈칸에 들어갈 문장으로 적절한 것은?

사람과 동물처럼 우리 몸을 구성하는 세포는 자의적으로 죽음을 선택하기도 한다. 그렇다면 왜 세포는 죽음을 선택할까? 소위 '진화'의 관점으로 본다면 개별 세포도 살기 위해 발버둥 쳐야 마땅한데 스스로 죽기로 결정한다니 역설적인 이야기처럼 들린다. 세포가 죽음을 선택하는 이유는 자신이 죽는 것이 전체 개체에 유익하기 때문이다. 도대체 '자의적'이란 말을 붙일 수 있는 세포의 죽음은 어떤 것일까? 세포의 '자의적' 죽음이 있다는 말은 '타의적' 죽음도 있다는 말일 것이다. 타의적인 죽음은 네크로시스(necrosis), 자의적인 죽음은 아포토시스(apoptosis)라고 불린다. (   )
타의적인 죽음인 네크로시스는 세포가 손상돼 어쩔 수 없이 죽음에 이르는 과정을 말한다. 세포 안팎의 삼투압 차이가 수만 배까지 나면 세포 밖의 물이 세포 안으로 급격하게 유입돼 세포가 터져 죽는다. 이때 세포의 내용물이 쏟아져 나와 염증 반응을 일으킨다. 이러한 네크로시스는 정상적인 발생 과정에서는 나타나지 않고 유전자의 발현이나 새로운 단백질의 생산도 필요 없다.
반면 자의적인 죽음인 아포토시스는 유전자가 작동해 단백질을 만들어 내면 세포가 스스로 죽기로 결정하고 생체 에너지인 ATP를 적극적으로 소모하면서 죽음에 이르는 과정을 말한다. 네크로시스와는 정반대로 세포는 쪼그라들고, 세포 내의 DNA는 규칙적으로 절단된다. 그 다음 쪼그라들어 단편화된 세포 조각들을 주변의 식세포가 시체 처리하듯 잡아먹는 것으로 과정이 종료된다. 인체 내에서 아포토시스가 일어나는 경우는 크게 두 가지인데, 하나는 발생과 분화의 과정 중에 불필요한 부분을 없애기 위해서이고, 다른 하나는 세포가 심각하게 훼손돼 암세포로 변할 가능성이 있을 때 전체 개체를 보호하기 위해서이다.

① 이 두 죽음은 그 원인이 모두 세포의 노화에 있다.
② 이 두 죽음은 그 과정과 형태에서 분명한 차이를 보인다.
③ 이 두 죽음은 그 과정은 동일하지만 그 원인에 있어 차이를 보인다.
④ 이 두 죽음은 그 과정은 달라도, 전체 개체를 위해 희생한다는 면에서 공통점이 있다.
⑤ 이 두 죽음은 타의적, 자의적이라는 말과는 달리 사실상 모두 자의적으로 죽는 것이다.

02 다음 글의 내용과 일치하지 않는 것은?

일상적 과학관의 허구성을 날카롭게 파헤쳐 세상을 깜짝 놀라게 한 고전이 있다. 바로 토마스 쿤(1922~1996)의 <과학혁명의 구조(The Structure of Scientific Revolutions · 1962)>이다. 쿤은 과학 발전이 마치 '혁명'처럼 단절적으로 이뤄지며, 또한 그 과정에는 일정한 '구조'가 있다고 주장한다. 여기서 가장 핵심적인 기능을 하는 것이 '패러다임'이라는 개념이다.

패러다임(paradigm)이란 오늘날 문법학에서 범례(範例)라는 뜻으로 쓰이고 있다. 그는 이 개념을 자신의 분석에 끌어들여 '어느 과학자 공동체의 구성원들에 의해 공유되는 신념, 가치, 이론, 방법, 기술, 범례 등을 망라한 총체적 집합'이라고 재정의한다. 한마디로 그것은 어떤 과학자 공동체가 가지고 있는 공통적 인식 및 작업의 틀이다.

우리는 흔히 과학자들이 진리의 장(場)을 공유한 가운데 비판을 환영하며 경험적 증거 앞에 깨끗이 승복하는 고독한 개인들이라고 생각한다. 그러나 쿤은 과학이야말로 '패러다임에 기반을 둔 공동체적 활동'이라고 주장한다. 과학자 공동체는 자신들의 패러다임을 가지고, 그것에 준거하여 집단적으로 연구 활동을 벌인다는 것이다. 이것은 자연스럽게 또 다른 공동체의 또 다른 패러다임의 가능성을 시사한다.

그에 따르면 과학자 공동체는 자신들의 패러다임 '안'에서 평온하게 연구 활동에 전념한다. 과학 활동은 패러다임이 제공하는 이론, 방법, 도구, 범례 등을 사용해 패러다임 안에서 제기된 퍼즐이나 예제를 푸는 일이다. 아마 학위논문 쓰기가 가장 전형적인 경우일 것이다. 이런 활동을 통해 과학은 패러다임 안에서 심화되고 확장된다. 이런 안정적 상태가 곧 정상과학이다. 대부분의 과학 활동은 정상과학(normal science)의 활동이다.

그러나 언젠가 기존의 패러다임으로 설명되지 않는 변칙현상(anomalies)이 돌출한다. 가급적 패러다임 안에서 문제를 해결하려고 하지만, 그런 현상이 심각하거나 빈발하면 패러다임에 위기가 온다. 처음에는 한 사람 또는 소수가 패러다임을 박차고 나가 해결을 시도한다. 그들이 새로 구축한 패러다임을 통해 변칙현상을 설명하면 신구 패러다임이 대립하게 된다.

신구 패러다임은 완전히 이질적이다. 그것은 '비교불가'보다 아예 '비교불성립'에 가깝다. 당연히 논리적·합리적 선택기준도 부재하다. 그럼에도 선택은 해야 한다. 정상과학에서는 과학 내적 요인들이 우선한다. 그러나 이런 혁명적 상황에서는 오히려 철학적·종교적·사상적·미적 요소와 같은 과학 외적 요소들이 더 중요한 역할을 한다.

이런 과정을 통해 신패러다임이 대세를 이루면 그것이 새로운 정상과학의 지위를 차지한다. '과학혁명'은 이처럼 정상과학, 변칙현상, 위기, 새로운 패러다임 출현, 패러다임 교체, 새로운 정상과학이라는 '구조'를 갖는다. 이것이 바로 이 책의 타이틀이 '과학혁명의 구조'인 이유이다. 새로운 정상과학도 언젠가 위기를 맞고 또 다른 패러다임으로 대체될 것이다.

① 쿤에 따르면 정상과학이란 과학자 공동체들이 자신들의 패러다임 안에서 평온하게 연구에 전념하는 안정적 상태를 의미한다.

② 신구 패러다임이 대립하는 혁명적 상황에서는 과학 내적 요인들이 외적 요인들보다 더 중요한 역할을 한다.

③ 일상적 과학관의 허구성을 지적하는 데 가장 중요한 기능을 하는 것은 '패러다임'이다.

④ 패러다임은 고정 불변의 것이 아니라 일정한 과정을 거치며 전혀 이질적인 새로운 것으로 대체된다.

⑤ 과학자 공동체 상호 간에는 서로 다른 패러다임을 가질 수 있다.

03 다음 글에서 추론할 수 있는 것은?

물리계 중에는 예측 불가능한 물리계가 있다. 이와 같은 물리계가 예측 불가능한 이유는 초기 조건의 민감성 때문이지, 물리 현상이 물리학의 인과법칙을 따르지 않기 때문은 아니다. 지구의 대기에서 나비 한 마리가 날갯짓을 한 경우와 하지 않은 경우를 비교하면, 그로부터 3주 뒤 두 경우의 결과는 판이하게 달라질 수 있다. 따라서 몇 주일 뒤의 기상이 어떻게 전개될지 정확히 예측하려면 초기 데이터와 수많은 변수들을 아주 정밀하게 처리해야만 가능하다. 그러나 아무리 성능이 뛰어난 컴퓨터라고 해도 이를 제대로 처리하기는 어렵다. 초기 상태가 완전히 파악되지 못한 물리계의 경우, 초기 데이터의 불완전성은 이 물리계의 미래 상태에 대한 예측의 정밀도를 훼손할 것이다. 그리하여 예측은 시간이 흐를수록 점차 부정확해지지만, 부정확성이 증가하는 양상은 물리계마다 다르다. 부정확성은 어떤 물리계에서는 느리게, 어떤 물리계에서는 빠르게 증가한다.

부정확성이 천천히 증가하는 물리계의 경우, 기술 발전에 따라 정밀하게 변화를 예측하는 데 필요한 시간이 점점 더 줄어들 것이다. 그러나 부정확성이 빠르게 증가하는 물리계의 경우, 예측에 필요한 계산 시간은 그다지 크게 단축되지 않을 것이다. 흔히 앞의 유형을 '비카오스계'라고 부르고 뒤의 유형을 '카오스계'라고 부른다. 카오스계는 예측 가능성이 지극히 제한적이라는 것이 그 특징이다. 지구의 대기 같은 아주 복잡한 물리계는 카오스계의 대표적인 사례이다. 그러나 연결된 한 쌍의 진자처럼 몇 안 되는 변수들만으로 기술할 수 있고 단순한 결정론적 방정식을 따르는 물리계라 하더라도, 초기 조건에 민감하며 아주 복잡한 운동을 보인다는 점은 놀라운 일이다.

카오스 이론이 과학의 한계를 보여주었다고 단언하는 사람들이 적지 않지만, 자연 속에는 비카오스계가 더 많다. 그리고 카오스계를 연구하는 과학자들은 자신들이 막다른 골목에 봉착했다고 생각하지 않는다. 카오스 이론은 앞으로 연구가 이루어져야 할 드넓은 영역을 열어주었고, 수많은 새로운 연구 대상들을 제시한다.

① 카오스 현상은 결정론적 법칙을 따르지 않는 물리계가 나비의 날갯짓처럼 사소한 요인에 의해 교란되기 때문에 생기는 현상이다.

② 연결된 두 진자로만 구성된 물리계는 카오스계가 아니다.

③ 부정확성이 빠르게 증가하는 물리계에 동일한 물리법칙이 적용되는 경우 변화를 예측하는 데 필요한 시간은 감소한다.

④ 슈퍼컴퓨터의 성능이 충분히 향상된다면, 기상청은 날씨 변화를 행성의 위치만큼이나 정확하게 예측할 것이다.

⑤ 이해가 아닌 예측이 자신의 주요 임무라고 생각하는 과학자에게 카오스계의 존재는 부담이 될 것이다.

04 다음 글의 제목으로 가장 적절한 것은?

두 나라의 화폐는 일정한 비율로 교환되는데, 이 비율을 환율(換率)이라고 한다. 환율은 특정 국가 통화에 대해 자국 통화가 어느 정도의 값어치가 있는가를 나타내는 지표이다. 물건의 가격이 시장에서 수요와 공급에 따라 결정되는 것처럼, 환율도 외환시장의 수요와 공급에 따라 결정된다. 국제 외환시장에서는 달러화가 주로 거래되고 있기 때문에 편의상 우리나라를 비롯한 대부분의 나라에서는 미국 달러화를 기준으로 환율을 표시하고 있으며, '1달러＝1,000원'과 같은 형태로 나타낸다.

환율은 고정되어 있지 않고 시시각각으로 변하며, 환율 변화는 경우에 따라서 우리나라에 호재가 될 수도, 악재가 될 수도 있다. 일반적으로 환율이 내려가면 수출 대금으로 달러를 받는 국내 수출업체들은 수익이 줄어들어 불리해진다. 반면에 수입업체들은 수입상품 대금을 치를 때 원화 대금이 줄어 유리해진다. 그래서 원화 환율이 내려가면 수입(輸入)이 증가한다.

환율이 올라가면 일반적으로 이와 반대되는 현상이 발생한다. 수출업체들은 더 많은 원화를 받기 때문에 수익성이 좋아진다. 이와 반대로 수입업체들은 수입 대금을 결제하기 위해 더 많은 원화를 지불해야 하기 때문에 수입원가가 비싸진다. 따라서 환율이 오르면 원자재 수입 가격이 상승하고, 이를 사용하는 공산품의 가격도 상승한다. 뿐만 아니라 기계류 등 수입 완제품 가격도 상승하게 되므로 결과적으로 국내 물가 전반은 상승 압력을 받는다.

우리나라는 대외무역 의존도가 아주 높기 때문에 환율의 변화에 민감하게 반응할 수밖에 없는 경제구조를 갖고 있다. 환율이 완만하게 변동하면 수출입업체가 대처할 수 있는 시간적 여유가 충분하므로 별 문제가 되지 않는다. 하지만 환율이 급격하게 변동하면 국내 수출입업체들이 이에 신속하게 대처하기 어려워 심각한 문제가 야기되기도 한다. 따라서 환율 변동으로 인한 업체들의 불안을 해소하기 위해서는 적절한 환율 관리가 필요하다.

① 국가경제에 있어 환율의 의미
② 우리나라 수출입업체와 원화 환율의 상관관계
③ 환율 변동과 물가의 상관관계
④ 환율 변동으로 인한 수출입의 변화
⑤ 환율 변동의 의미와 환율 관리의 필요성

05 다음 글을 문맥에 맞게 순서대로 배열한 것은?

(가) 내성균이라는 것은 특정한 항생 물질에 반응하지 않고 질병을 일으키게 되는 균을 말한다. 특정 항생 물질에 반응하지 않게 되는 이유는 세균이 그 항생제를 분해하는 효소를 만들어 내는 능력을 획득하였기 때문이다. 마치 우리가 어떤 특별한 상황, 예를 들어 춥다든가, 배고프다든가 했을 때, 그에 대해 적응하는 능력이 생기는 것과 같은 현상이라고 할 수 있다.

(나) 그중에서도 내성균의 조성, 교차내성의 부작용, 균 교대 현상, 유전자에 미치는 악영향 등은 항생제에만 존재하는 심각한 부작용이다.

(다) 1942년 미국의 제약 회사에서 페니실린이 대량 생산되기 시작하면서, 백신과 항생제는 앞서거니 뒤서거니 하면서 인류를 세균의 무서운 위험 속에서 구하게 되었다. 그런데 이렇게 인류에게 소중한 존재인 백신과 항생제도 예기치 않은 불행을 수반하고 있으니, 그것은 곧 쇼크를 비롯한 부작용이다.

(라) 내성균이 생기는 이유는, 감염원이 된 세균을 정확하게 파괴시킬 수 있는 항생제를 사용하지 않았기 때문이다. 즉, 세균에 감염되면 항생제를 사용하기 이전에, 감염된 세균이 어떤 종류인지, 어떤 항생제에 의해서 파괴될 수 있는지 등을 균 검사를 통해 확인해 보아야 하는데, 그러한 조치를 취하지 않은 채 무턱대고 사용하게 되면 쓸데없이 많은 종류의 항생제를 사용하게 되고, 그렇게 사용된 항생제를 이길 수 있는 내성균이 발생되는 것이다.

(마) 항생제를 오·남용했을 경우 발생될 수 있는 부작용으로는 쇼크, 내성균의 조성, 교차내성의 부작용, 균 교대 현상, 유전자에 미치는 악영향, 혈액 장애, 간 장애, 위장관 출혈, 청각 장애 등이 있다. 또한 최근의 새로운 항생제 중에는 술과 함께 복용했을 때 심각한 장애를 일으키는 것도 있다.

① (가) − (라) − (다) − (마) − (나)
② (라) − (가) − (다) − (마) − (나)
③ (다) − (마) − (가) − (라) − (나)
④ (다) − (마) − (나) − (가) − (라)
⑤ (가) − (나) − (라) − (다) − (마)

06 다음 글의 제목으로 가장 적절한 것은?

보통 알코올 도수가 높은 술은 증류주(蒸溜酒)에 속한다. 중국의 바이주[白酒], 러시아의 보드카, 영국의 위스키, 프랑스의 브랜디가 모두 증류주다. 최근에야 알코올 도수가 20~30%까지 낮아졌지만, 원래 증류주는 40%가 넘었다. 증류를 하는 대상은 주로 양조주(釀造酒)다. 중국의 바이주는 쌀이나 수수로 만든 양조주인 청주나 황주(黃酒)를 먼저 만든 후, 그것을 증류하면 된다. 가오량주[高粱酒]는 그 재료가 수수라서 생긴 이름이다. 위스키는 주로 보리로 양조주인 맥주를 만든 후 그것을 증류해서 만든다. 브랜디는 포도를 원료로 하여 만든 와인을 증류한 술이다. 그렇다면 한국의 소주는 과연 증류주인가? 당연히 증류주라고 해야 옳다. 다만, 시중에서 즐겨 마시는 '국민 대중의 술' 소주는 온전한 증류주라고 말하기 어렵다. 상표를 자세히 살펴보면 '희석식 소주'라고 표시돼 있다. 도대체 무엇에 무엇을 희석했다는 것인가? 고구마나 타피오카 같은 곡물을 알코올 분해해 정제시킨 주정(酒精)에 물과 향료를 희석시킨 것이 바로 소주이다. 주정은 그냥 마시면 너무 독해서 치명적이기에 물을 섞어야 한다. 이와 같은 주정은 결코 전래의 증류 방식이 온전하게 도입된 것이 아니다. 밑술인 양조주를 군이 만들지 않고 발효균을 원료에 넣어 기계에서 연속으로 증류시켜 만든다. 당연히 양조주가 지닌 원래의 독특한 향기도 주정에는 없다.

① 소주의 유래　　　　　　　② 전통주의 미학
③ 소주의 정체　　　　　　　④ 증류주의 특성
⑤ 소주의 인지도

07 다음 글의 빈칸에 들어갈 내용으로 가장 적절한 것은?

'패시브 하우스(Passive House)'는 단열을 강화하여 에너지 손실을 최대한 줄인 건축물이다. 이 건축물은 실내의 에너지 손실을 최소화하면서도 햇빛과 신선한 공기를 공급받을 수 있고, 습도 조절을 잘 할 수 있도록 설계된 것이다. 패시브 하우스는 특히 겨울철에 건물 안으로 들어온 에너지와 안에서 발생한 에너지가 오랫동안 건물 안에 머물러 있도록 만들어진다. 에너지 손실을 최소화하기 위해서는 열이 빠져나가지 않게 전체 단열 계획을 잘 짠 다음, 까다로운 기준에 부합하는 특수 단열재로 시공해야 한다.

건물의 실내에는 신선한 공기가 공급되어야 한다. 일반적인 건물은 창문을 열거나 환풍기를 돌려서 신선한 공기를 공급받지만, 패시브 하우스에서는 그렇게 할 수 없다. 왜냐하면 외부 공기가 공급되면 실내 에너지가 빠져 나가기 때문이다. 이러한 문제는 나가는 공기가 품고 있는 에너지를 들어오는 공기가 회수해 올 수만 있으면 해결할 수 있다. 패시브 하우스에서 이 일을 가능하게 해 주는 것이 열 교환 환기 장치이다. 이 장치는 주로 실내 바닥이나 벽면에 설치하는데, 실내의 각 방과 실외로 연결되는 배관을 따로 시공하여 실내외 공기를 교환한다. 팬, 열 교환 소자, 공기 정화 필터, 외부 후드 등으로 구성된다. 그중 핵심 요소인 열 교환 소자는 열과 수분의 투과율을 높이기 위해 열전도율이 뛰어나도록 만든다. 실내외의 공기가 나가고 들어올 때 이 열 교환 소자를 통과하는데, 그 과정에서 실내 공기의 주 오염원인 CO_2는 통과시켜 배출한다. 하지만 열 교환 소자는 나가는 공기가 지니고 있던 80% 내외의 열과 수분을 배출하지 않고 투과시켜 들어오는 공기와 함께 실내로 되돌아오게 한다. 이러한 장치 덕분에 창문을 열지 않아도 환기가 가능하다. 실외의 황사나 꽃가루 등은 공기 정화 필터로 걸러지므로 외부로부터 신선한 공기를 공급받을 수 있다.

햇빛을 통한 에너지 공급도 건물에서는 중요하다. 햇빛은 창호를 통해 들어오는데, 여기서 (A   ) 일반적으로 실내에 햇빛을 많이 공급하기 위해서는 두께가 얇은 유리나 창호지를 사용해야 한다. 그러나 두께가 얇을수록 에너지의 손실이 더 커질 수밖에 없다. 패시브 하우스에서는 이 문제를 해결하기 위해서 3중 로이유리(Low-E Glass)를 사용한다. 이것에는 두께가 얇고 투명한 유리 세 장에 에너지 흐름을 줄이는 금속 막이 씌워져 있고, 이들 유리 사이에는 무거운 기체가 채워져 있다. 투명한 유리는 햇빛을 많이 통과시키고, 금속 막과 무거운 기체는 실내 에너지가 빠져나가는 것을 막는다. 습도 조절도 중요한 요소이다. 일반 건물에서 습도 조절이 제대로 이루어지지 않아 곰팡이가 피는 것은, 외부 공기가 스며들어 벽체 표면의 습도를 높이기 때문이다. 또, 곰팡이는 집 안 전체의 습도가 아주 높거나, 전체 습도는 낮고 벽체 표면이나 벽체 속의 습도가 높아도 생긴다. 그러나 패시브 하우스는 밀폐성과 단열성이 뛰어나 겨울철 벽체의 온도와 실내 온도가 거의 비슷하기 때문에 이슬 맺힘이나 곰팡이가 생기지 않는다.

① 환기와 난방은 상호 보완적인 관계이다.
② 창호는 에너지 보존에 효과적인 재료이다.
③ 햇빛을 실내에 많이 공급하는 것이 중요하다.
④ 에너지의 손실 방지와 햇빛의 공급 사이에 모순이 생긴다.
⑤ 난방을 위해 지속적으로 에너지를 공급하는 것이 필요하다.

08   다음 글의 내용과 일치하는 것은?

현대미술이 영국에서 급속한 성장을 이루게 된 이유는 여러 가지가 있으나, 그중에서도 주목할 만한 사실은 작가들이 스스로 조직한 DIY(Do-It-Yourself) 성격의 전시가 1980년대 말부터 눈에 띄게 늘어났다는 것이다. 예컨대 데미언 허스트(Damien Hirst)가 런던의 골드스미스 미술대학 동기들과 함께 기획한 <프리즈(Freeze)>전은, 런던 동부 도크랜드 지역의 창고 공간을 이용한 전시다. 전시 당시에는 큰 반향을 일으키지 못했지만, 이후에 전개된 참여 작가들의 예술·상업적 성공의 발단이 되었다는 점 때문에 지금은 전설적인 이벤트로 기억된다.

마가렛 대처 수상이 집권하는 동안 영국의 미술 관련 공공 지원금은 현격하게 줄어들었는데, 이 때문에 공적 기금으로 운영되는 미술기관들의 활동 폭이 좁아졌다. 신진 미술가가 미술계의 주류에서 활동하기 위해 지원받을 수 있는 기회도 줄어든 것이다. 이에, 작가들은 지극히 한정된 숫자의 미술 기관들이 자신들을 찾아올 때까지 기다리기보다는 스스로 자신의 존재와 작품을 알리기 위한 태도를 가질 수 밖에 없었다. 이는 필요에 의한 대응이었을 뿐 아니라 제도권 질서에 의존하지 않는 새로운 미술가 세대의 등장을 알리는 현상이었다.

당시 젊은 영국 작가들은, 미국 전후 미술의 대표적 동향이었던 팝아트(Pop Art), 미니멀리즘(Minimalism), 개념미술(Conceptual Art) 등과 유사한 맥락의 작품을 보여 주었다. 테이트 갤러리(Tate Gallery), 화이트큐브 갤러리(Whitecube Gallery) 등 공공 미술기관에서 열린 미국 작가들의 전시회와 사치 갤러리(Saatchi Gallery) 등이 소개한 미국의 미술은, 젊은 영국 작가들의 성장에 큰 영향을 끼쳤다. 이후에 'YBA(Young British Artists)'라는 이름으로 세계 미술계의 주목을 끈 이 작가들은, 뉴욕에서 전개되고 있는 동시대 미술의 변화를 적극 수용하는 동시에, 영국인의 감수성을 작품들에 반영했다.

---

① 현대 미술은 영국에서 급속한 성장을 이루었는데, 그 이유는 마가렛 대처 수상 집권 시 공공 지원금 확대에 따른 것이었다.

② 영국 작가들 자신이 처음 스스로 조직한 <프리즈(Freeze)>전이 눈에 띄는 성공을 거두면서 사람들의 관심이 집중되었다.

③ 공공 지원금의 축소로 인해 제도권 질서에 의존하지 않은 새로운 미술가 세대는 스스로 작품을 알리기 위해 노력했다.

④ 젊은 영국 작가들의 성장은 미국의 미술에도 긍정적인 영향을 주었다.

⑤ 런던 동부의 창고에서 시작된 <프리즈(Freeze)>전은 영국 국가의 지원금 확대에 영향을 주었다.

09 다음 글을 문맥에 맞게 순서대로 배열한 것은?

> (가) 그러나 대개 '권력'의 표명이라 기술되는 것을 분석하기 위해서라도 역시 이론적 방향 전환이 필요했고, 그 같은 방향 전환을 통해 나는 차라리 권력의 행사에 개입되는 다양한 관계, 개방된 전략들, 그리고 합리적 기술들에 대해 다시 질문을 던지게 되었다.
>
> (나) 흔히 지식의 진보라 지칭되었던 것을 분석하기 위해서는 이론적 방향 전환이 반드시 필요해 보였고, 그 때문에 나는 지식을 표현하는 담화행위의 형태에 관해 먼저 질문을 던지게 되었다.
>
> (다) 이제 '주체'로 지칭되는 것을 분석하기 위해 세 번째 방향 전환이 필요한 것 같았다. 즉, 개인은 자기와의 관계를 통해 스스로를 주체로 세우고 주체로 인식하게 되는데, 이 같은 자기와의 관계가 어떤 형태와 양태를 취하는지를 탐구해야만 했던 것이다.
>
> (라) 그것은 자기가 자기에 대해 갖는 관계 속에서의 진실의 작용, 그리고 자아의 주체 정립에 관해 연구하는 것이었는데, 이것은 욕망인의 역사라 불릴 수 있을 것을 연구의 참조 영역, 즉 탐구 분야로 삼는 것이다.
>
> (마) 17, 18세기의 몇몇 경험과학의 예에 따라 인간 상호 간의 진실의 작용에 관한 연구를 하고 또, 처벌 행위의 예에 따라 권력 관계들과 관련된 진실의 작용들에 관한 연구를 끝내고자 또 다른 작업이 필요 불가결해 보였다.

① (마) － (나) － (다) － (라) － (가)
② (나) － (다) － (가) － (마) － (라)
③ (나) － (가) － (다) － (마) － (라)
④ (나) － (가) － (다) － (라) － (마)
⑤ (마) － (나) － (다) － (가) － (라)

10 다음은 한국농어촌공사의 보도자료 내용이다. 이 자료의 내용과 일치하는 것은?

> 한국농어촌공사(사장 이○○)는 캄보디아 수자원기상부 차관 등 공무원 9명을 초청하여 "농업용수 및 농업생산기반시설 운영관리 역량강화" 연수를 지난 2023년 5월 22일부터 31일까지 진행해오고 있다. 국제농업협력사업(농업 ODA)의 일환인 이번 연수는 캄보디아의 농업용수 개발 및 관리를 총괄하는 수자원기상부의 요청으로 이뤄졌다.
>
> 이번 연수 프로그램에 공사는 캄보디아의 농업용수·기반시설과 재해 발생 상황 등을 고려하여, 기후변화에 대응하기 위해 시행한 공사 사업 현장 및 재난안전종합상황실, 농업용수관리 자동화 시설 등의 현장 교육으로 수원국에 적용 가능한 공사의 농공기술을 현장에서 체감할 수 있도록 구성하였다. 특히, 캄보디아 수자원기상부 폰 사착 차관은 30일 전남 장성 댐에서 안전진단본부 주관으로 진행된 '수리시설 안전진단 시연회'에 참석하여 지하 매설물에 대한 CCTV 탐사로봇 조사 등 첨단화된 진단기법을 보며 "공사의 재난 안전 대응을 위한 체계적인 수리시설 관리와 최첨단 안전진단 기술을 캄보디아에 도입하고 싶다"며 K-농공기술에 깊은 관심을 표명하였다.
>
> 공사는 1967년 해외사업 개척 이래로, 1976년 개도국의 경제발전 및 공사의 해외사업 진출 기반 마련을 위하여 공무원을 대상으로 국제 교육을 실시해왔으며, 2017년 국제교육교류센터를 신설하고 수원국의 다양한 수요에 맞춰 신재생에너지, 산림, 축산 등 다양한 분야로 교육을 넓혀가고 있다. 아울러 2023년에는 KOICA, 농림축산식품부, 민간기업 등 교육 수요를 반영하여 19개 연수 과정을 시행할 계획이다.
>
> 최병윤 인재개발원장은 "다양한 국제교육을 통하여 공사의 경험과 기술을 개도국에 전파하고, 나아가 선진적인 K-농공기술 수출 등 해외사업 확대를 위한 기반 마련에 최선을 다하겠다"고 전했다.

① 농업용수 및 농업생산기반시설 운영관리 역량강화 연수는 캄보디아 수자원기상부 차관이 직접 요청하여 이뤄진 것이다.

② 캄보디아에 대한 이번 연수는 기후변화에 대응하기 위한 다양한 전략 위주의 교육으로 구성됐다.

③ 캄보디아에 대한 연수는 국제농업협력사업의 일환으로 시행된 것으로, 캄보디아 공무원 9명을 대상으로 국내에서 실시됐다.

④ 농어촌공사는 2017년부터 공무원을 대상으로 신재생에너지, 산림 등 다양한 분야의 국제교육을 실시하고 있다.

⑤ 2023년에는 이전과 비교해 가장 많은 수의 연수 과정을 신설하여 시행할 계획이다.

[11~13] 다음은 2023년 국립수목원 월별 방문객 현황에 대한 자료이다. 이를 보고 이어지는 물음에 답하시오.

2023년 국립수목원 월별 방문객 현황

(단위 : 명)

구분	입장인원	어른	청소년	어린이	유아	경로	기타
1월	24,738	16,918	570	959	899	5,056	336
2월	31,411	20,711	522	1,537	1,913	6,231	497
3월	89,648	54,896	1,427	5,076	6,443	21,113	693
4월	136,582	80,039	1,382	6,029	7,954	36,774	4,404
5월	191,768	108,580	3,511	8,271	11,117	50,909	9,380
6월	123,817	74,049	1,039	4,183	6,636	31,905	6,005
7월	97,869	62,132	1,593	3,173	4,371	23,630	2,970
8월	100,812	65,162	2,207	3,939	4,798	19,308	5,398
9월	96,368	53,478	1,534	3,666	7,498	19,809	10,383
10월	217,455	119,372	3,680	7,939	19,130	47,549	19,785
11월	147,950	88,315	2,235	4,432	10,388	33,254	9,326
12월	32,725	20,696	481	983	1,030	6,910	2,625

※ '경로'는 65세 이상으로, '어른'과는 별도로 집계됨

11 위 자료에 대한 설명으로 옳은 것은?

① 10월 국립수목원 방문객 중 어른 방문객이 어른은 제외한 나머지 방문객의 합보다 적다.

② 4월 대비 5월의 국립수목원 총 방문객은 45% 이상 증가하였다.

③ 2023년 2분기 국립수목원 방문객 수가 2023년 4분기 국립수목원 방문객 수보다 적다.

④ 2023년 7월부터 12월까지의 누적 입장인원은 69만 명이 넘는다.

⑤ 2023년 월별 입장인원과 방문객별 입장인원의 증감 추이는 같다.

12 2023년 1월부터 12월까지의 국립수목원 방문객별 누적 방문객 수를 표시한 그래프 중 잘못된 것은?

① 어른 누적 방문객 수

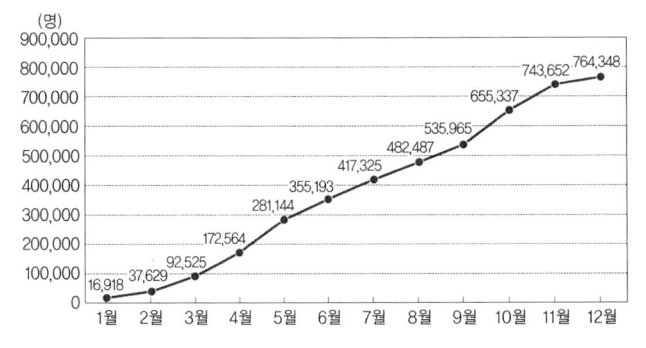

② 청소년 누적 방문객 수

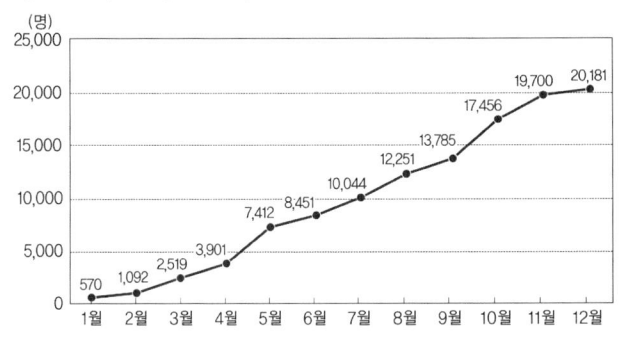

③ 어린이 누적 방문객 수

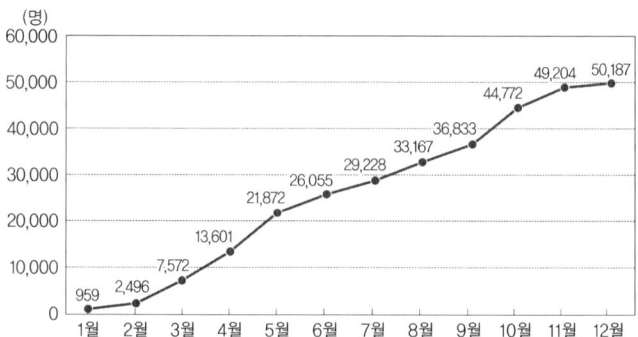

④ 유아 누적 방문객 수

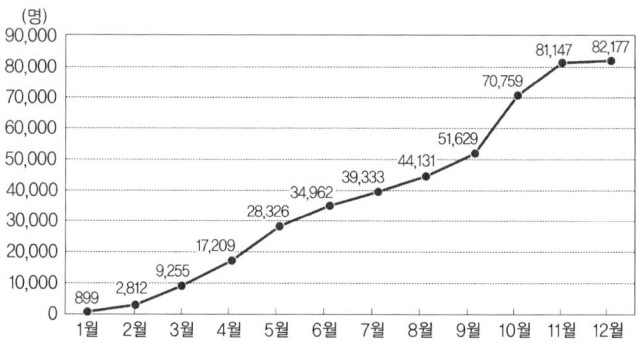

⑤ 경로 누적 방문객 수

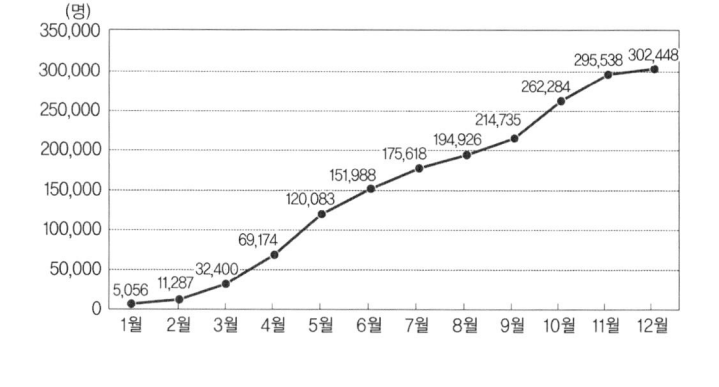

13 다양한 이벤트를 통해 2024년 국립수목원 방문객 수를 전년 동월 대비 상반기에는 매달 10%, 하반기에는 매달 15% 증가시키려는 목표를 세웠다. 이 목표를 달성했을 때 2024년 국립수목원 월별 입장인원으로 옳지 않은 것은? (단, 인원수 계산 시 소수점 첫째 자리에서 반올림한다.)

① 1월, 27,212명　　　　　　　　　② 3월, 98,613명
③ 6월, 136,199명　　　　　　　　　④ 9월, 110,823명
⑤ 12월, 35,998명

[14~15] 다음은 국립자연휴양림 이용객 수입 현황에 대한 자료이다. 이를 보고 이어지는 물음에 답하시오.

국립자연휴양림 이용객 수입 현황

(단위 : 명, 천 원)

연도	입장객 수	숙박객 수	입장료	시설사용료	문화체험료
2018년	1,211,451	122,660	625,261	10,996,245	134,346
2019년	1,152,141	135,200	551,433	11,910,865	111,411
2020년	1,301,409	140,052	499,715	12,876,078	106,023
2021년	1,414,920	150,115	478,644	14,520,015	143,438
2022년	1,479,967	157,244	444,658	16,257,449	130,474

14 위 자료에 대한 설명으로 옳은 것은?

① 2022년 입장객 수는 2018년 대비 20% 이상 증가하였다.
② 2021년 입장객 1인당 입장료 수입은 400원 이상이다.
③ 2018년 이후 입장료, 시설사용료, 문화체험료 수입의 증감 추이는 같다.
④ 2020년 숙박객 수는 입장객 수의 15% 이상을 차지한다.
⑤ 이용객 수입이 가장 많은 해는 2021년이다.

15 〈보기〉의 조건 (A), (B), (C)에 해당하는 수입 항목이 바르게 짝지어진 것은?

┌─ 보기 ┌
(A) : 2019년 수입이 전년 대비 15% 이상 감소한 항목
(B) : 2021년 수입이 전년 대비 30% 이상 증가한 항목
(C) : 2022년 전체 이용객 수입의 약 2.6%를 차지하는 항목

	(A)	(B)	(C)
①	입장료	문화체험료	입장료
②	입장료	시설사용료	시설사용료
③	시설사용료	입장료	문화체험료
④	문화체험료	입장료	시설사용료
⑤	문화체험료	문화체험료	입장료

[16～17] 다음은 연구개발인력의 연구개발 주체별 분포에 관한 자료이다. 이를 보고 이어지는 물음에 답하시오.

연구개발인력의 연구개발 주체별 분포

(단위 : 명)

구분		2017년	2018년	2019년	2020년	2021년	2022년
총계		531,131	562,601	569,333	605,604	619,907	624,910
공공연구기관	소계	43,457	46,500	49,782	51,849	54,178	55,157
	국·공립	8,660	11,045	10,903	11,003	10,518	10,442
	정부 출연	25,558	26,822	28,299	29,163	30,912	31,932
	지방자치단체 출연	1,164	1,311	1,929	2,116	2,269	2,044
	기타 비영리	7,334	6,108	7,071	7,627	8,456	8,818
	국·공립병원	264	230	297	300	270	321
	사립병원	477	984	1,283	1,640	1,753	1,600
대학	소계	186,690	184,281	181,284	187,087	185,113	185,737
	국·공립	73,383	75,474	71,609	77,779	79,142	76,840
	사립	113,307	108,807	109,675	109,308	105,971	108,897
기업체	소계	300,984	331,820	338,267	366,668	380,616	384,016
	정부투자기관	3,136	3,446	3,687	3,663	3,572	3,811
	민간기업	297,848	328,374	334,580	363,005	377,044	380,205

16 다음 중 위 자료에 대해 바르게 설명한 것은?

① 조사 기간 동안 국·공립대학의 연구개발인력은 기타 비영리 공공연구기관 연구개발인력의 10배 이상이었다.

② 공공연구기관 중 2022년 연구개발인력이 전년 대비 가장 큰 비율로 증가한 곳은 정부출연 부문이다.

③ 기업체의 연구개발인력이 가장 많은 해와 대학의 연구개발인력이 가장 많은 해는 동일하다.

④ 2019년 사립병원의 연구개발인력은 전년 대비 30% 이상 증가했다.

⑤ 2017년 이후 공공연구기관 연구개발인력 중 지방자치단체 출연 연구개발인력은 꾸준히 증가했다.

17 2020년 전체 연구개발인력 중 기업체의 인력 비중은 몇 %인가? (단, 소수점 첫째 자리에서 반올림하여 계산한다.)

① 51% ② 53%

③ 55% ④ 58%

⑤ 61%

18 서울역에서 논산역으로 가는 기차의 배차간격은 30분이고 조치원역으로 가는 기차의 배차간격은 42분이라고 한다. 오전 9시에 서울역에서 두 지역으로 가는 기차가 동시에 출발한다면 처음으로 다시 두 기차가 동시에 출발하는 시각은?

① 오전 10시 30분   ② 오전 11시

③ 오전 11시 30분   ④ 오후 12시

⑤ 오후 12시 30분

19 민지는 사탕과 과자를 합하여 44개를 가지고 있는데 사탕의 $\frac{1}{4}$ 을 친구들에게 나누어 주고 과자를 5개 더 샀더니 사탕의 수와 과자의 수가 같아졌다. 처음에 민지가 가지고 있던 과자의 수는?

① 13개   ② 14개

③ 15개   ④ 16개

⑤ 17개

20 다음 숫자들은 규칙을 가지고 배열되어 있다. 이때 빈칸에 들어갈 알맞은 숫자를 고르면?

	$\frac{3}{4}$	$\frac{4}{9}$	$\frac{5}{16}$	$\frac{6}{25}$	( )

① $\frac{7}{33}$ ② $\frac{7}{34}$

③ $\frac{7}{35}$ ④ $\frac{7}{36}$

⑤ $\frac{7}{37}$

[21~22] △△공사 총무과에서 근무하는 임 과장은 올 가을 실시되는 하반기 채용 설명회 및 채용 필기시험과 면접 때 사용할 채용 현수막을 제작하는 업무를 맡게 됐다. 다음은 현수막이 사용되는 채용전형별 현수막 설치 계획안이다. 이를 보고 이어지는 물음에 답하시오.

채용전형별 현수막 설치 계획

1. 채용설명회
채용 박람회장에 총 7개의 현수막 설치

2. 채용 필기시험
채용 필기시험 시 채용 장소인 전국 12개 중·고등학교에 현수막 3개씩 설치

3. 채용면접
• 면접은 공사 대강당 및 대회의실 3개에서 진행
• 대강당에 큰 현수막 1개, 대회의실에 작은 현수막 3개 설치

	채용 설명회장		채용 필기시험		면접장	
현수막 개수	10m×4m	4개	10m×4m	24개	8m×2m	1개
	6m×1m	3개	6m×1m	12개	6m×1m	3개

---

21 현수막 제작비용이 〈보기〉와 같을 때, 임 과장이 하반기 채용 시 준비해야 하는 현수막 제작 비용은 총 얼마인가?

┌ 보기 ┐
• 현수막 제작비용
− 기본 크기(가로×세로) : 2m×1m＝12,000원
− 기본 크기에서 추가 시 : 1m²당 4,000원씩 추가
└─────────────────────┘

① 3,336,000원
② 3,834,000원
③ 4,136,000원
④ 3,986,000원
⑤ 5,164,000원

---

22 채용전형 진행과 관련한 총무팀 회의 중 〈보기〉와 같은 현수막 추가 설치 및 제작 단가 변화에 대한 내용이 제시되었다. 이 내용을 반영했을 때, 임 과장이 하반기 채용 시 준비해야 하는 현수막 제작 비용을 다시 계산하면 위 21번 문제에서 계산했던 비용보다 얼마나 늘어나는가?

┌ 보기 ┐
• 채용박람회 시 홍보 효과를 높이기 위해서 기본 크기의 안내 현수막 5개를 추가로 설치
• 현수막 제작 단가 상승
 − 기본 크기 제작단가는 변화 없음
 − 기본 크기에서 추가 시 1m²당 4,500원씩 추가
└─────────────────────┘

① 425,000원
② 535,000원
③ 575,000원
④ 635,000원
⑤ 675,000원

[23~24] 다음은 한국농어촌공사의 맞춤형 농지지원사업 중 농지 여신에 관한 내용이다. 이를 보고 이어지는 물음에 답하시오.

---

1. 지원대상자 : 전업농육성대상자, 전업농업인, 농업법인 등

2. 지원방법
 (1) 농지매매
   • 지원한도 : 12,300원/㎡ (단, 생애첫농지취득지원의 경우 25,400원/㎡)
   • 납부기간 : 최장 11년~30년 원금균등분할 납부(연리 1%)
   • 지원농가 의무사항 : 2년 동안 벼 외 타 작물 재배 의무
 (2) 임차농지 임대
   • 임대기간 : 5~10년(무이자)
   • 임대료 : 지역별 관행임차료(공사 조사) 범위 내
 (3) 비축농지 임대
   • 임대기간 : 5년(5년 단위 평가하여 재임대)
   • 임대료 : 지역별 관행임차료(공사 조사) 평균 수준의 50%~100% 범위 내에서 합의
   • 지원농가 의무사항 : 임차계약 기간 동안 타작물 재배 의무
     ※ 타작물 재배, 휴경 시 임대료의 80% 감면
 (4) 교환분합
   • 지원대상농지 : 교환 또는 분리 · 합병하고자 하는 논 · 밭
   • 납부기간 : 10년 분할 납부(연리 1%)

3. 대상자별 지원내용
경영규모, 영농경력을 기준으로 농가를 진입, 성장, 전업으로 구분하여 지원함

구분		진입	성장	전업
기준	경영규모	3ha 이내	6ha 이내	6ha 초과
	영농경력	2년 이하	2년 초과	–
지원한도	지원상한	경영규모 3ha	경영규모 6ha	경영규모 10ha
	농지매매	0.5ha 이내	2ha 이내	3ha 이내
	생애첫농지취득	0.5ha 이내	1ha 이내	해당 없음
	임차농지 임대	3ha 이내	6ha 이내	10ha 이내
	비축농지 임대	3ha 이내	6ha 이내*	해당 없음
	교환분합	한도 없음	한도 없음	한도 없음

* 만 59세 이하의 일반농업인은 4ha

4. 지원우선 순위

지원순위	우선순위	대상자	비고
1순위 (전업농육성 대상자)	1	청년창업형후계농업인	선정 후 5년
	2	2030세대	지원 당시 연령 만 20~39세
	3	후계농업경영인	선정 후 5년
	4	귀농인	선정 후 5년
	5	일반농업인	① 40대 농업인
			② 50대 농업인
			③ 60~64세 농업인
2순위		영농복귀자, 전업농업인, 농업법인	
3순위		당해연도에 2ha를 초과하여 지원받은 자(수탁농지임대 포함)	

23 다음 중 농지지원사업의 내용으로 맞는 것을 〈보기〉에서 모두 고르면? (단, 1ha＝10,000m²이다.)

┌─ 보기 ┐
ㄱ 5ha의 농지를 10년 이상 경영해 온 A는 생애첫농지취득지원으로 이웃의 1ha의 농지를 매매하면서 2억 5천만 원 이상을 지원받을 수 있다.

ㄴ 10ha의 농지를 2년간 경영해 온 B는 비축농지 임대 지원을 받으면서, 지역 관행임차료의 60%만 지급하기로 하였다.

ㄷ 진입, 성장, 전업농가 모두 농지매매 시 최소 6,150만 원의 지원을 받을 수 있다.
└──────────┘

① ㄱ, ㄴ   ② ㄱ, ㄷ
③ ㄴ, ㄷ   ④ ㄱ
⑤ ㄴ

24 다음의 농업인 갑~무 5명 중 한국농어촌공사로부터 지원을 받는 우선순위가 높은 순서대로 바르게 배열한 것은?

- 만 59세의 농업인 갑
- 만 21세의 농업인 을
- 7년 전에 귀농해 그 이듬해 귀농인으로 선정된 만 60세의 농업인 병
- 청년창업후계농업인으로 선정된 지 4년 5개월 된 만 42세의 정
- 지난해에 2ha의 농지에 대해 지원을 받은 영농복귀자인 무

① 을-병-정-갑-무   ② 을-병-갑-무-정
③ 정-을-병-갑-무   ④ 정-을-갑-병-무
⑤ 무-정-을-병-갑

[25~26] 다음은 어느 학원의 교습비 반환 규정이다. 이를 보고 이어지는 물음에 답하시오.

1. 학원 사정에 의한 경우

반환사유 발생일	반환금액
교습을 할 수 없거나, 교습 장소를 제공할 수 없게 된 날	이미 납부한 교습비 등을 일할 계산한 금액

2. 학원 수강생의 사정에 의한 경우
• 교습기간이 1개월 이내인 경우

반환사유 발생일	반환금액
교습 시작 전	이미 납부한 교습비 등의 전액
총 교습시간의 1/3 경과 전	이미 납부한 교습비 등의 2/3에 해당하는 금액
총 교습시간의 1/2 경과 전	이미 납부한 교습비 등의 1/2에 해당하는 금액
총 교습시간의 1/2 경과 후	반환하지 않음

• 교습기간이 1개월을 초과하는 경우

반환사유 발생일	반환금액
교습 시작 전	이미 납부한 수강료 전액
교습 시작 후	반환사유가 발생한 해당 월의 반환 대상 교습비 등(교습기간이 1개월 이내인 경우의 기준에 따라 산출한 금액을 말한다)과 나머지 월의 교습비 등의 전액을 합산한 금액

※ 비고
• 총 교습시간은 교습기간 중의 총 교습시간을 말하며, 반환 금액의 산정은 반환사유가 발생한 날까지 경과된 교습시간을 기준으로 한다.
• 원격 교습의 경우 반환 금액은 교습 내용을 실제 수강한 부분(인터넷으로 수강하거나 학습기기로 저장한 것을 말한다)에 해당하는 금액을 뺀 금액으로 한다.
• 반환 시 천 원 미만은 버림한다.

25 위 규정을 참고할 때 교습비 반환이 가능한 경우는?

① 교습장소가 안전상의 이유로 가까운 장소로 변동된 경우
② 1개월에 8회 수업 중에 5회 수업까지 수강하였으나, 이후 불가피한 사정으로 수강이 불가능한 경우
③ 인터넷 강의를 모두 다운로드는 받았으나 실제 학습은 아직 하지 않은 경우
④ 3개월에 21회 수업 중 18회 수업을 수강한 경우
⑤ 12개월에 60회 수업 중 50회 수업을 수강한 경우

26 학원 수강생인 갑, 을은 〈보기〉와 같은 상황에서 교습비를 반환받으려고 한다. 이때 갑, 을이 반환받을 교습비는 각각 얼마인가?

┌─ 보기 ┌───
  갑 : 1개월간 강의를 듣기로 하고, 교습비 25만 원을 납부하였다. 8월 1일 강의가 시작되었고, 다른 학원
       강의와 병행하기가 힘들어 8월 12일에 교습비 반환을 요청하였다.
  을 : 3개월 강의 프로그램을 신청하고 교습비 45만 원을 납부하였다. 8월 1일 개강 후 하루 만에 개인
       사정으로 수강을 취소하고 교습비 반환을 요청하였다.

① 166,000원, 300,000원
② 166,000원, 400,000원
③ 125,000원, 300,000원
④ 125,000원, 400,000원
⑤ 125,000원, 450,000원

[27~28] 다음은 ○○공사의 유연근무제 규칙 중 일부이다. 이를 보고 이어지는 물음에 답하시오.

제5조(전환) ① 유연근무자로의 전환은 업무내용, 자격, 조건 등을 미리 공지하고 희망자에 한정하여 실시한다.

② 별도 채용된 단시간근로자는 전일제근로자로 전환할 수 없다.

③ 단시간근로의 전환은 인사위원회 심의 및 심의결과에 대한 인사발령에 따르되, 기간연장의 경우 부득이한 사유가 없는 한 인사위원회를 생략하고 각 본부·실·단장 등(이하 "소속기관장"이라 한다.)이 승인할 수 있으며 각 인사위원회의 구성 및 그 밖의 사항은 공사 인사규정이 정하는 바에 따른다.

④ 시차출·퇴근, 집약근무 및 유연일근자로 전환 및 연장, 근무유형 변경, 반복 승인여부 등은 업무에 지장이 초래되지 않는 범위 내에서 근태승인권자가 결정한다.

⑤ 유연근무자의 전환 및 해제, 연장, 변경 등 제반사항은 별지 제5호 서식의 보고양식을 참고하여 소속기관장이 관리하고 관련 사항 신설, 변경 등의 내용을 바로 인사관리시스템에 반영한다.

⑥ 정부정책 등으로 추진하는 유연근무제의 경우, 유연근무 유형, 전환 시기 및 기간 등을 따로 정할 수 있다.

제6조(신청) ① 제5조에 따라 유연근무자로의 전환을 희망하는 직원은 별지 제1호 서식의 전환신청서에 따라 단시간근로자, 시차출·퇴근자, 집약근무자 및 유연일근자는 근태승인권자에게 신청하며, 단시간근로자, 시차출·퇴근자 및 유연일근자의 전환 근무는 매월 1일부터 시작한다.

② 단시간근로자로의 전환기간은 1개월 이상 1년 이내로 하되, 연장할 수 있다.

③ 시차출·퇴근자 및 유연일근자로의 전환기간은 최소 1개월 이상으로 하되, 최대 허용기간 및 연장기간 등은 근태승인권자가 결정한다.

④ 집약근무자의 탄력적 근로시간제 적용은 최소 1주일 이상 2주일 이내 단위로 신청하되, 신청일 이후 최초 도래하는 월요일부터 시작하고, 허용기간 및 연장 등은 근태승인권자가 결정한다.

⑤ 위 ④항 신청 시 단위기간 중 월~금요일 사이에는 유급휴일이 포함되어서는 아니 되며, 연장의 경우 2주 시행 후 연속하여 연장할 수 없다.

제7조(변경) ① 단시간근로자가 별지 제3호 서식의 변경신청서에 따라 단시간근로 도중 근무시간 및 근무요일 변경을 신청할 경우 근태승인권자는 단시간근로 기간 중 2회까지 이를 승인할 수 있으며, 변경은 매월 1일부터 적용한다. 다만, 육아로 인한 단시간근로자에 대해서는 변경 횟수를 제한하지 않는다.

② 시차출·퇴근자 및 집약근무자가 별지 제2호 서식의 변경신청서에 따라 근무유형 변경을 신청할 경우 근태승인권자는 업무에 지장이 없는 한 이를 승인할 수 있으며, 근무유형 변경은 매월 1일부터 적용한다.

제8조(해제) ① 유연근무자가 다음 각 호의 어느 하나에 해당하는 경우 별지 제2호 서식의 해제신청서에 따라 전환을 해제하며, 해제 후 종전 형태로 복귀는 매월 1일부터 시작한다. 다만, 제1호의 면직, 퇴직, 해임 및 파면과 제3호 전보 및 파견, 휴직 등으로 즉시 해제가 필요할 경우에는 예외로 한다.

1. 지정기간의 만료, 면직, 퇴직, 해임 및 파면된 경우
2. 유연근무자가 유연근무 지정 해제를 희망하는 경우
3. 유연근무자에게 전보 및 파견, 휴직 등의 사유가 발생한 경우
4. 신청목적과 다른 영리행위 등 목적으로 공사 정관 및 사규 등에 저촉될 경우
5. 근무태도가 미흡하거나 업무수행에 있어 지장이 초래되는 등 전환 해제가 불가피하다고 판단될 경우

② 단시간 전환 근로자가 6개월 이상의 단시간근로 후 전일제근로자로 복귀할 경우 희망 보직을 부여할 수 있다.

※ ○○공사의 유연근무자 유형은 단시간근로자, 시차출·퇴근자, 집약근무자, 유연일근자의 네 가지뿐이다.

---

27 위 규칙에 대한 내용으로 잘못된 것을 〈보기〉에서 모두 고르면?

┌ 보기 ┌

ⓐ 유연근무제도 중 단시간근로자의 기간 연장은 부득이 한 사유가 없는 한 인사위원회를 생략하고 근태승인권자가 승인한다.

ⓑ 육아로 인해 단시간근로자로 전환하여 근무 중인 B는 근무 시간과 요일을 두 번 바꾼 상태로, 앞으로는 더 이상 근무시간과 요일을 바꿀 수 없다.

ⓒ 전일제근로자로 근무하다가, 개인 사정으로 6개월간 단시간근로자로 전환해 근무하던 J가 다시 전일제근로자로 복귀할 경우에 희망보직과 무관한 보직이 부여될 수 있다.

ⓓ 집약근무자로 근무 중인 E는 다음 달부터 아이가 어린이집에 등원하게 되어 시차출·퇴근자로 전환을 신청해 1주 후 승인을 받았고, 다음달 1일부터 근무유형이 변경돼 시차출·퇴근자로 전환된다.

① ㉠, ㉡ ② ㉠, ㉢

③ ㉡, ㉢ ④ ㉡, ㉣

⑤ ㉢, ㉣

28 다음과 같이 공사 직원 갑, 을, 병, 정, 무가 유연근무자 전환 신청을 했다. 이 중 유연근무제 규정에 위반되는 경우는?

구분		근무유형	구분	전환 사유	전환일자	만료일자	신청기간	변경일자
①	갑	단시간근로자	신규	육아	2022. 6. 1	2023. 1. 31	8개월	
②	을	시차 출·퇴근자	신규	대학원	2022. 7. 1	2023. 6. 30	12개월	
③	병	집약근무자	신규	자기 계발	2022. 7. 1	2022. 12. 31	6개월	
④	정	유연일근자	신규	건강 악화	2023. 1. 1	2023. 6. 30	6개월	
⑤	무	시차출·퇴근자	근무시간 변경	대학원	2022. 7. 1	2023. 6. 30	12개월	2023. 2. 1.

29 해린은 갑, 을, 병, 정 4명의 학생에게 월요일부터 목요일까지 4일 동안 과외를 해주려고 한다. 과외 순서를 다음 조건에 따라 정할 때 옳지 않은 설명은?

> • 하루에 한 명이 과외를 받는다.
> • 갑은 을보다 늦게 과외를 받는다.
> • 정은 목요일에 과외를 받지 않는다.
> • 병이 을보다 먼저 과외를 받으면, 병은 정보다 늦게 과외를 받게 된다.

① 병이 을보다 먼저 과외를 받으면, 갑이 목요일에 과외를 받는다.
② 을이 월요일에 병이 수요일에 과외를 받으면 갑은 목요일에 과외를 받는다.
③ 을이 병보다 먼저 과외를 받으면, 병은 수요일에 과외를 받는다.
④ 병이 화요일에 과외를 받으면, 갑이 목요일에 과외를 받는다.
⑤ 을이 수요일에 과외를 받으면, 정이 월요일에 과외를 받는다.

30 A는 영업 부서 인사고과에서 높은 점수를 획득하였다. 다음 주어진 정보를 바탕으로 했을 때, 잘못 추론한 것은?

> • 높은 점수를 획득한 사람들 중에는 심리학 전공자는 없다.
> • 높은 점수를 획득한 사람은 매장 근무 경험이 있거나, 학점 4.0점 이상이다.
> • 30세 미만이거나 심리학 전공자인 경우에는 매장 근무 경험이 있는 사람들이 없다.
> • 30세 이상의 사원으로서 인사고과에서 높은 점수를 획득한 사람은 모두 매장 근무 경력이 있다.
> • 인사고과에서 높은 점수를 획득한 사람들 중 경영학 전공자도 있다.

① A는 심리학 전공자가 아니다.
② A는 경영학 전공자가 아닐 수도 있다.
③ A는 매장 근무 경험이 있고, 학점이 4.0점 이상이다.
④ 높은 점수를 획득한 사람들 중 경영학 전공이면서 30세 이상인 사람이 있을 수 있다.
⑤ 낮은 점수를 획득한 사람들 중 학점이 4.0점 이상인 사람이 있을 수 있다.

[31 ~ 32] 다음은 ○○장비회사 창고에 있는 농업 장비의 코드 목록이다. 이를 보고 이어지는 물음에 답하시오.

농업 장비 코드 목록

장비 − 생산번호 − 생산지역 − 제조년월			
TR − 33 − KOC − 1906	TT − 11 − KOI − 2206	TR − 11 − BTH − 1805	DA − 29 − CHS − 1706
DA − 54 − KOI − 2008	TT − 07 − BTH − 1904	CO − 14 − KOC − 1703	TT − 18 − BTH − 2205
TR − 22 − KOI − 2108	CO − 62 − CHB − 1505	DA − 20 − CHS − 1810	DA − 19 − KOI − 1905
DA − 04 − CHS − 1803	CO − 13 − KOC − 1803	TT − 01 − KOI − 1906	CO − 06 − CHS − 2108
CO − 05 − BTH − 1606	TR − 03 − KOI − 2103	DA − 62 − CHB − 2206	TT − 07 − KOC − 2009

코드 분류 체계

장비 코드	장비	생산지역 코드	생산지역
TT	트랙터	KOI	한국 인천
DA	경운기	KOC	한국 창원
SE	이앙기	CHS	중국 상하이
TR	운반차	CHB	중국 베이징
CO	콤바인	BTH	베트남 하노이

31 2021년 6월 한국 창원에서 생산된 콤바인의 생산 코드로 알맞은 것은?

① TR − 33 − KOC −2021   ② CO − 14 − KOC −2021

③ CO − 62 − CHB − 2106   ④ TT − 06 − BTH − 2106

⑤ CO − 13 − KOC − 2106

32 창고에 있는 농업 장비에 대한 설명으로 옳지 않은 것은?

① 창고에 있는 농업 장비 중에는 이앙기가 없다.
② 창고에 있는 농업 장비 모두 겨울에 생산되지 않았다.
③ 인천에서 2021년 8월에 생산된 운반차의 생산번호는 22이다.
④ 생산된 지 가장 오래된 장비의 생산년도는 2015년이다.
⑤ 다섯 종류의 장비 중 운반차의 창고 점유율이 두 번째로 높다.

[33~34] 다음은 축산물위생관리법에 따른 계란 껍데기 표시정보에 대한 자료와, S마트에 진열되어 있는 계란의 난각코드를 나타낸 것이다. 이를 보고 이어지는 물음에 답하시오.

계란 껍데기의 난각코드 확인 방법

[산란일자] – [생산자 고유번호] – [사육환경번호]
4자리　　　　　5자리　　　　　1자리

사육환경번호 표시방법

구분	1	2	3	4
코드	방사 사육	축사 내 평사	개선된 케이지	기존 케이지

* 개선된 케이지 : 마리당 사육밀도가 0.075m² 이상인 환경에서 사육
* 기존 케이지 : 마리당 사육밀도가 0.05m²에서 사육

계란 이력번호를 계란 껍데기 표시정보로 변경, 번호체계를 일원화하여 계란 유통업자가 별도로 포장지에 이력번호를 표시하지 않아도 판매가 가능하도록 규제가 완화되었다. 소비자는 계란 껍데기 표시정보로 계란 생산자, 선별포장업자, 수집판매업자 등의 생산·유통 이력정보를 확인할 수 있으며, 확인은 축산물이력관리시스템 누리집(www.mtrace.go.kr)이나 축산물이력제 앱을 통해 가능하다.

계란 껍데기에 표시되는 10자리 정보는 순서대로 나열하여 1줄로 표시하거나, 산란일자와 그 나머지 정보를 나누어 2줄로도 표시할 수 있다. 만약 영업자가 달걀에 산란일자를 표시하지 않거나, 산란일자를 허위로 표시할 경우 관련 법령에 따라 영업정지 등의 행정처분을 받게 된다.

S마트 진열대 계란의 난각코드

1그룹	0725M2GHS2, 0725M2DKT2, 0724N5CDW2, 0722H3JIE2, 0725H3JIE2, 0728N5CDW2, 0728H3JIE2, 7021N5CDW2
2그룹	0727N5CDW3, 0724M2GHS3, 0725I5RTM3, 0725M2GHS3, 0725M2GHS3, 0728I5RTM3
3그룹	0724M2GHS1, 7026H3JIE1, 0726M2DKT1, 0724H3JIE1, 0722H3JIE1, 0727N5CDW1

---

33 위 자료에 대한 설명으로 잘못된 것은?

① 1그룹에 진열된 계란은 모두 축사 내 평사에서 사육돼 산란된 것이다.
② S마트 진열대 계란 중 7월 22일 이전에 산란된 것은 없다.
③ 3그룹 중 같은 날짜에 같은 농장에서 산란된 계란은 없다.
④ 1그룹 중 같은 날짜에 같은 농장에서 산란된 계란은 없다.
⑤ S마트 진열대에 있는 계란 중 마리당 사육밀도가 0.05m²에서 사육되어 산란된 것은 없다.

34 S마트 진열대에 있는 계란 중 가장 많은 수의 계란이 진열돼 있는 생산농장의 코드와, 이 생산농장 계란이 진열대에서 차지하는 비중은?

① H3JIE, 30%　　　　　② N5CDW, 35%
③ M2GHS, 30%　　　　　④ M2DKT, 30%
⑤ I5RTM, 35%

35 다음 글에 대한 설명으로 옳지 않은 것은?

컴퓨터 모니터나 인쇄물에서 볼 수 있는 모든 디지털 이미지들을 아주 크게 확대하면, 그림의 경계선들이 연속된 곡선이 아니라 작은 사각형들이 붙은 계단 같이 보이는 것을 알 수 있다. 이처럼 디지털 이미지들은 더 이상 쪼개지지 않는 사각형의 작은 점들이 모여서 전체 그림을 만드는데, 이 사각형 모양의 작은 점들을 이미지를 이루는 가장 작은 단위인 '픽셀(pixel)'이라고 한다. 픽셀은 영어로 그림(picture)의 원소(element)라는 뜻의 만들어진 합성어로, 우리말로는 '화소(畵素)'라고 번역한다. '이 그림은 해상도가 640픽셀 × 480픽셀이다.'라는 말은 이 그림 속에 작은 사각형 점이 640 × 480 = 30만 7200개 들어 있다는 뜻이 된다.

화소의 수가 많을수록 고해상도의 선명한 이미지 표현이 가능한데, 이는 같은 면적 안에 픽셀, 즉 화소가 더 조밀하게 많이 들어 있을수록 그림이 더 선명하고 정교하기 때문이다. 디스플레이의 각 픽셀들은 서브픽셀(sub pixel)로 구성되어 있으며, R(red), G(green), B(blue)의 조합으로 색을 만들어 낸다. 예를 들어 R, G, B가 모두 켜져 있으면 흰색(white), 반대로 모두 꺼져 있으면 검정색(black)이 된다.

TV, 모니터, 스마트폰의 화질과 관계되는 해상도(resolution)는 한 화면에 픽셀이 몇 개나 포함되는지를 의미하고, 일반적으로 가로와 세로 픽셀 수를 곱한 형태로 표현한다. HD(high definition)TV는 720개의 픽셀을 지원하며 16:9 화면비가 일반적이며, 풀(full) HDTV는 1920 × 1080 픽셀을 지원하며 화면비는 16:9이다. UHD(ultra high definition)는 4K(3840 × 2160)와 8K(7680 × 4320)로 구분되는데, 4K는 가로 픽셀이 약 4000개(1K = 1000)이고 8K는 가로 픽셀이 약 8000개여서 붙여진 이름이다. 이처럼 같은 면적에 얼마나 많은 양의 픽셀이 포함되는지에 따라 선명도가 달라지는데, 이는 PPI(pixel per inch)로 확인할 수 있다. PPI는 1인치 안에 들어 있는 픽셀 수를 의미하며, PPI가 높을수록 정교한 이미지 표현이 가능하다.

① UHD 8K보다 full HDTV가 더 고해상도이다.
② PPI가 높을수록 1인치 안에 들어가는 픽셀 수가 많아진다.
③ 픽셀은 이미지를 이루는 가장 작은 단위로 화소라고도 한다.
④ 컴퓨터 모니터의 전원을 끄면 R, G, B도 모두 꺼지게 된다.
⑤ UHD 4K에는 829만 4400개의 작은 사각형 점들이 들어 있다.

[36~40] 다음은 엑셀 2021 버전의 문서 작성 화면이다. 이를 보고 이어지는 물음에 답하시오.

	A	B	C	D	E	F	G	H	I	J
1	[표1]	대리점별 가전제품 판매현황					단위: 백 대			
2	대리점	냉장고	TV	컴퓨터	에어컨	제습기	최다판매제품			
3	노원지점	300	1,905	1,500	700	1,840				
4	창동지점	620	800	1,400	25	950				
5	의정부지점	780	1,200	1,760	1,000	65				
6	잠실지점	82	660	850	1,600	302				
7										
8	[표2]	매장관리			[표3]	조건표1		[표4] 조건표2		
9	매장번호	매장구분	매장명		매장번호	구분코드		구분코드	매장구분	
10	170253		더현대 서울		170253	1		1	백화점	
11	258927		뉴코아아울렛		258927	2		2	아울렛	
12	170253		갤러리아		390512	3		3	쇼핑몰	
13	170253		롯데백화점		400782	4		4	마트	
14	390512		게리오							
15	258927		현대프리미엄아울렛							
16	400782		코스트코							
17	390512		더남자							
18	400782		이마트							
19	400782		하나로마트							
20	258927		2001아울렛							
21										

36 위 [표2]를 필터를 이용해 매장번호로 오름차순 정렬을 할 경우 가장 아래에 오는 매장은?

① 하나로마트   ② 더현대 서울

③ 이마트   ④ 갤러리아

⑤ 코스트코

37 위 [표1]에서 노원지점의 최다판매제품을 구하려 한다. 이때 [G3]셀에 들어갈 함수로 옳은 것은?

① =INDEX($A$2:$F$6,1,MATCH(MAX(B3:F6),B3:F3,1))

② =INDEX($A$2:$F$6,0,MATCH(MAX(B3:F3),B3:F3,0))

③ =INDEX($B$2:$F$2,1,MATCH(MAX(B3:F3),B3:F3,0))

④ =INDEX($B$2:$F$2,0,MATCH(MAX(B3:F6),B3:F3,0))

⑤ =INDEX($B$2:$F$2,1,MATCH(MAX(B3:F3),B3:F3,1))

38 위 [표1]에 대리점별 등급과 가전제품 판매 평균의 등급기준표를 추가했다. 이때 [H4]셀에 들어갈 함수로 옳은 것은? (단, 'A'가 아닌 'A등급'이라고 표시되어야 한다.)

▲	A	B	C	D	E	F	G	H	I	J	K	L	M	N
1	[표1]	대리점별 가전제품 판매현황					단위: 백 대							
2	대리점	냉장고	TV	컴퓨터	에어컨	제습기	최다판매제품	등급		<등급기준표>				
3	노원지점	300	1,905	1,500	700	1,840	TV			평균	600	700	800	900
4	창동지점	620	800	1,400	25	950	컴퓨터			등급	D	C	B	A
5	의정부지점	780	1,200	1,760	1,000	65	컴퓨터							
6	잠실지점	82	660	850	1,600	302	에어컨							

① =HLOOKUP(AVERAGE(B3:F3),$J$3:$N$4,2,TRUE)&'등급'

② =HLOOKUP(AVERAGE(B3:F3),$J$3:$N$4,1,FALSE)&"등급"

③ =HLOOKUP(AVERAGE(B4:F4),$K$4:$N$4,1,TRUE)&'등급'

④ =HLOOKUP(AVERAGE(B4:F4),$K$4:$N$4,1,FALSE)&"등급"

⑤ =HLOOKUP(AVERAGE(B4:F4),$K$3:$N$4,2,TRUE)&"등급"

39 다음 중 [표2]의 매장구분을 구하기 위해 사용되는 함수로 옳게 짝지어진 것은?

① IF, VLOOKUP
② IF, HLOOKUP
③ INDEX, VLOOKUP
④ INDEX, HLOOKUP
⑤ INDEX, MAX

40 위 39번 문제를 참고할 때, [B19]셀에 들어갈 함수로 옳은 것은?

① =INDEX($I$10:$J$13,HLOOKUP(A19,$E$10:$F$13,2,FALSE),2)

② =INDEX($I$10:$J$13,VLOOKUP(A19,$E$10:$F$13,2,FALSE),2)

③ =INDEX($I$10:$J$13,HLOOKUP(A19,$E$10:$F$13,2,TRUE),2)

④ =INDEX($I$10:$J$13,VLOOKUP(A19,$E$10:$F$13,2,TRUE),1)

⑤ =INDEX($I$10:$J$13,VLOOKUP(A19,$E$10:$F$13,2,FALSE),1)

[41~50번]

※ 경상, 법정, 농학, 전산 등의 분야 지원자는 〈자원관리능력〉을, 토목일반, 조경, 도시계획, 기계, 전기, 건축, 지질, 환경 등의 분야 지원자는 〈기술능력〉을 풀기 바랍니다.

자원관리능력

[41~42] △△공사 인사팀에서는 입사 3년 차 이상 직원들을 대상으로 미국 연수의 기회를 제공하고 있다. 사내 공고를 내고 미국 연수 신청을 받았고, 1차 심사를 거친 직원들의 업무 성적 평가자료가 다음과 같다. 이를 바탕으로 연수 대상자를 선발하려 할 때, 이어지는 물음에 답하시오.

지원자 업무 성적 평가

구분	업무능력	성실성	협동성	외국어능력
A	우수	최우수	우수	우수
B	최우수	보통	미흡	우수
C	보통	보통	최우수	우수
D	우수	우수	최우수	보통
E	미흡	보통	우수	최우수
F	보통	최우수	최우수	우수
G	최우수	보통	우수	우수
H	우수	보통	우수	우수

연수 대상자 선정 방법

• 최우수(100점), 우수(80점), 보통(65점), 미흡(40점)으로 나누어 평가하며, 각 평가항목 점수를 더하여 총점이 높은 상위 3명을 연수 대상자로 선정한다.
• 총점이 동일한 경우, 점수가 동일한 지원자들의 항목별 점수에 업무능력 30%, 성실성 20%, 협동성 20%, 외국어능력 30%의 배점비율을 적용해 총점을 재산출하여 대상자를 정한다.

41 위 자료를 바탕으로 했을 때, 미국 연수 대상자로 선정되는 직원은 누구인가?

① A, F, D
② A, F, G
③ B, D, G
④ D, F, G
⑤ A, D, H

42 △△공사는 위 41번 문제에서 연수 대상자로 선정된 3명의 직원 중 2명의 직원에게만 연수 기회를 주기로 방침을 변경하였다. 〈보기〉의 조건에 따라 3명 중 2명의 대상자를 다시 선발할 때, 미국 연수를 가지 못하는 직원은 누구인가?

보기
• 최우수(100점), 우수(90점), 보통(70점), 미흡(60점)으로 점수를 매긴다.
• 해당 점수에 업무능력 30%, 성실성 15%, 협동성 15%, 외국어능력 40%의 배점비율을 적용해 총점을 산출하여 총점이 높은 상위 2인을 연수 대상자로 정한다.

① A
② B
③ D
④ F
⑤ G

[43~45] 다음은 △△공사 신입사원 채용 지원자 중 최종면접에 오른 9명의 지원자들에 대한 평가자료 및 채용 방식에 대한 자료이다. 이를 보고 이어지는 물음에 답하시오.

△△공사 신입사원 채용 평가 자료

(단위 : 점)

지원자 \ 구분	필기시험 점수	면접 점수				최종 학위
		성실성	창의성	직무능력	발전가능성	
가	85	75	90	95	95	박사
나	70	75	85	80	80	학사
다	100	60	90	85	75	석사
라	85	75	70	65	80	학사
마	95	95	80	70	80	학사
바	70	55	95	60	70	학사
사	95	60	95	80	85	학사
아	85	90	80	85	90	박사
자	90	75	80	95	85	석사

※ 필기시험점수와 면접점수는 100점 만점 기준임
※ 최종학위점수 : 학사 10점, 석사 15점, 박사 20점

평가등급 및 채용 방식

필기시험 점수 + 면접 점수(평가항목 4개의 평균점수) + 최종학위 점수를 더한 총점에 따라 아래와 같이 평가등급으로 구분하고, A등급에 해당하는 지원자를 채용한다.

평가등급	평가점수 총점
A	190점 이상
B	170점 이상 190점 미만
C	170점 미만

43 위 자료의 내용에 따를 때, 채용되는 지원자는?

① 가, 다, 아   ② 가, 라, 자   ③ 다, 마, 사
④ 다, 사, 아   ⑤ 다, 사, 자

44 △△공사 인사팀에서는 A등급에 해당되는 지원자만으로는 채용인원이 부족하다고 판단하고, B등급을 받은 지원자 중 면접 점수가 높은 2명을 추가로 채용하기로 했다. 이때 채용되는 지원자는?

① 라, 마   ② 라, 사   ③ 마, 사
④ 마, 자   ⑤ 사, 자

45 △△공사 인사팀에서는 A등급과 B등급에 해당하는 지원자 중 '필기시험 점수 + 면접 중 창의성 점수 + 발전가능성 점수' 합이 가장 높은 지원자 2명에게 채용과는 별도로 해외지사의 인턴 기회를 제공하기로 했다. 이때, 해외지사 인턴 기회를 얻는 지원자 2명은? (단, 동점인 경우에는 필기시험 점수가 높은 지원자로 정한다.)

① 가, 사   ② 가, 다   ③ 마, 사
④ 다, 마   ⑤ 다, 사

[46~48] △△화장품브랜드 홍보담당자인 A과장은 X호텔에서 인플루언서를 대상으로 하는 홍보행사를 열기로 하고 호텔 담당자와 계약서를 작성하려고 한다. 계약서 내용이 다음과 같을 때, 이를 보고 이어지는 물음에 답하시오.

행사명: 여름을 부르는 △△서머 메이크업 시리즈와 함께
일시: 2024년 5월 29일(수) 12:30~15:00
참석인원: 52명
장소: X호텔 크리스탈홀

예약 내용

구분	항목		단가(원)	수량
식사	식사 (런치코스)	A	70,000	26
		B	72,000	26
	와인(병)		80,000	55
다과	디저트(단품)	에끌레어	4,000	50
		케이크A	7,000	25
		케이크B	8,500	25
		케이크C	8,000	25
장식	얼음 조각	대	600,000	1
		소	120,000	2
	현수막		100,000	2
	꽃장식	테이블 장식	50,000	9
		단상 장식	350,000	1

※ 별도의 대관비는 없음
※ 와인은 선물용임(포장 포함)

46 위 계약서에 따라 X호텔에 지불할 비용은 얼마인가?

① 8,912,500원
② 9,224,000원
③ 9,614,500원
④ 10,719,500원
⑤ 12,325,000원

47 A과장은 홍보팀 직원들과 회의를 거친 결과, 위 계약서의 내용에 〈보기〉 내용을 반영하여 수정하기로 하였다. 수정된 계약서 내용에 따를 때, X호텔에 지불할 최종 비용은 얼마인가?

┌ 보기 ┐
- 꽃 장식이 화려하고 풍성해야 분위기가 더 좋아 보이고, 사진을 찍어도 예쁘게 나온다. 따라서, 테이블 꽃장식을 더 높은 등급인 8만 원짜리로 바꾸고, 단상 꽃장식도 하나 더 추가한다.
- 디저트의 경우 수량이 넉넉해 많이 남을 것 같다. 케이크 B, C의 수량은 10개씩 줄여도 모자라지 않을 것이다.
- 얼음 조각 장식의 경우, 큰 것 하나만 있어도 될 것 같다. 작은 장식 2개는 뺀다.
- 와인을 굳이 여유를 두고 55병 주문할 필요는 없어 보인다. 참석인원 수에 맞춰 52병만 주문하는 것으로 바꾼다.
└────┘

① 8,850,500원　　　　　　　　　　② 9,210,000원
③ 9,654,000원　　　　　　　　　　④ 10,232,500원
⑤ 10,694,500원

48 위 47번 문제에 따라 비용 계산을 마쳤다. 그런데 X호텔 측에서 특별 프로모션으로 △△브랜드 측 홍보물에 자사의 로고를 넣어주는 조건으로 특별 할인을 제안했다. 〈보기〉의 두 가지 특별할인 방안 중 하나를 선택하면 된다. 할인금액이 더 큰 방안과 이때 브랜드 측에서 지불해야 할 총 비용을 고르면?

┌ 보기 ┐
특별할인 1. 꽃장식 비용에서 30%, 선물용 와인 가격에서 10% 할인을 제공한다.
특별할인 2. 식사와 디저트 비용을 20% 할인해 준다.
└────┘

① 특별할인 1, 9,852,500원　　　　② 특별할인 1, 9,920,100원
③ 특별할인 2, 9,792,000원　　　　④ 특별할인 2, 9,831,600원
⑤ 특별할인 2, 10,025,300원

[49~50] ○○기업 연수원 업무지원팀에서 근무하고 있는 송 주임은 연수원 장소 대관 관련 업무를 맡고 있다. 다음은 연수원 대관 신청 관련 회사 내규 및 대관 신청 현황을 나타낸 자료이다. 이를 보고 이어지는 물음에 답하시오.

연수원 대관 신청에 관한 회사 내규

1. 대관 신청은 사용일 3일 전까지 업무지원팀에 해야 한다.(단, 기획조정실의 경우 당일 신청이 가능하다.)
2. 대관 신청 시 작성한 참여인원에 대한 수정은 불가하므로 참여인원의 수를 정확히 기입해야 한다.
3. 대관 신청에 적힌 참여인원 수가 최대 수용인원 수보다 많은 경우는 대관 신청을 할 수 없다. 또한, 참여인원 수는 최대 수용인원 수의 60% 이상이어야 한다.
4. 대관 신청 후 해당 장소는 반드시 사용해야 하며, 사용을 취소하거나 날짜나 시간대를 바꾸려는 경우 사용 1일 전에는 업무지원팀에 알려야 한다.

○○기업 연수원 대관 신청 현황

날짜(요일)	장소	시간	참여인원	신청부서
11월 5일(화)	제1세미나실	17:00 ~ 20:00	32명	기획조정실
11월 5일(화)	제2세미나실	14:00 ~ 18:00	42명	홍보실
11월 7일(목)	대강당	09:00 ~ 15:00	75명	마케팅팀
11월 8일(금)	대강당	18:00 ~ 21:00	50명	홍보실
11월 16일(토)	제1세미나실	09:00 ~ 15:00	24명	인사팀
11월 16일(토)	제2세미나실	09:00 ~ 21:00	37명	기획조정실
11월 17일(일)	제2세미나실	12:00 ~ 14:00	46명	마케팅팀
11월 18일(월)	대강당	09:00 ~ 18:00	47명	인사팀

※ 제1세미나실, 제2세미나실, 대강당의 최대 수용인원 수는 각각 35명, 50명, 80명이다.
※ 세미나실과 대강당 사용시간은 주중 09:00~21:00, 주말(토, 일요일) 09:00~18:00이다.

49 위 자료를 바탕으로 했을 때, 송 주임의 상황대처로 적절하지 않은 것은?

① 11월 5일 제2세미나실 배관 문제로 제 시간에 사용하는 것이 불가하게 되자, 홍보실에서는 장소를 대강당으로 바꿔달라고 송 주임에게 요청하였다. 하지만 송 주임은 회사 내규를 들어 대강당 사용이 불가함을 고지하고 사용 시간을 1시간만 늦출 것을 제안했다.

② 11월 16일 제1세미나실 대관 신청을 했던 인사팀에서 시간대를 1시간 앞당길 것을 11월 14일에 요청하였고, 송 주임은 사용시간에 맞지 않아 불가함을 고지하였다.

③ 기획조정실은 9월 5일 제1세미나실 대관 신청을 11월 5일 오전에 급하게 하였고, 송 주임은 이를 승인했다.

④ 11월 17일 제2세미나실 대관 신청을 한 마케팅팀에서는 이용 시간대를 바꿔 오후 2시부터 2시간 동안 사용하겠다고 16일에 신청하였고, 송 주임은 회사 내규를 들어 불가함을 고지했다.

⑤ 송 주임은 11월 18일 인사팀의 대강당 대관 신청을 인원 부족을 이유로 반려하였다.

50 연수원 대관 신청에 관한 회사 내규가 〈보기〉와 같이 바뀌었다. 이때, 위의 대관을 신청한 부서 중 대관이 취소되지 않는 경우는?

┌─ 보기 ┐
- 참여인원 수가 최대 수용인원 수의 60% 이상이어야 한다는 조항에서 '60%'가 '70%'로 바뀌었다.
- 세미나실과 대강당 사용시간이 주중과 주말 모두 09:00~18:00로 바뀌었다.

① 11월 5일, 제1세미나실　　　　　　② 11월 7일, 대강당
③ 11월 16일 제1세미나실　　　　　　④ 11월 16일 제2세미나실
⑤ 11월 18일 대강당

기술능력

[41~42] 다음은 ○○커피점의 기계 조작 방법에 대한 매뉴얼이다. 이를 보고 이어지는 물음에 답하시오.

- 로스팅 기계와 워터 디스펜서는 운전 상태와 정지 상태만 존재한다.
- 각 기계의 화면에서는 다음과 같은 원 모양의 상태가 나타난다.

$$\text{(숫자)} = \text{운전 상태}, \quad \text{(●숫자)} = \text{정지 상태}$$

   ※ 삼각형 안의 숫자는 작동 횟수임

- 로스팅 기계와 워터 디스펜서에 있는 조작 버튼과 기능은 다음과 같다.

조작 버튼 모양	기능
☆	1번, 2번 로스팅 기계를 운전 상태로 변경
★	1번, 2번 워터 디스펜서를 운전 상태로 변경
◎	1번 로스팅 기계를 정지 상태로 변경
●	2번 로스팅 기계를 정지 상태로 변경
◇	1번 워터 디스펜서를 정지 상태로 변경
◆	2번 워터 디스펜서를 정지 상태로 변경
♣	1번 로스팅 기계 2회 작동
♧	2번 워터 디스펜서 3회 작동

※ 운전 상태로 변경되면 바로 작동에 들어가며, 정지 상태 버튼을 누를 때까지 계속 작동된다.
※ 운전 상태로 변경 버튼을 누르면 1, 2번 기계가 동시에 작동을 시작한다.(단, 운전 상태로 변경되면 1회 이상 무조건 작동해야 한다.)
※ 1, 2번 로스팅 기계의 작동 속도와 1, 2번 워터 디스펜서 기계의 작동 속도는 동일하다.
※ ♣과 ♧의 경우, 각각 1번 로스팅 기계와 2번 워터 디스펜서에만 작동되는데, 정지 상태에서 누르면 각각 2회와 3회 작동 후 자동으로 정지 상태로 변경된다.

- 버튼을 누르는 횟수가 가급적 최소가 되도록 한다.

---

41 ○○커피점의 A직원이 사장으로부터 다음과 같이 기계를 조작하는 지시사항을 받았다고 할 때, 눌러야 하는 버튼으로 옳은 것은?

> 1번 로스팅 기계는 2회, 2번 로스팅 기계는 1회, 2번 워터 디스펜서는 3회 작동시켜 주세요.

① ☆★●◆   ② ☆●◎★◆   ③ ☆◎★◆
④ ☆◎●★◆◇   ⑤ ☆●◎♧

42 다음과 같이 사장이 지시한대로 기계가 작동했다고 할 때, 설명으로 옳지 않은 것은?

1번 로스팅 기계	2번 로스팅 기계	1번 워터 디스펜서	2번 워터 디스펜서
●2	○3	●1	○2

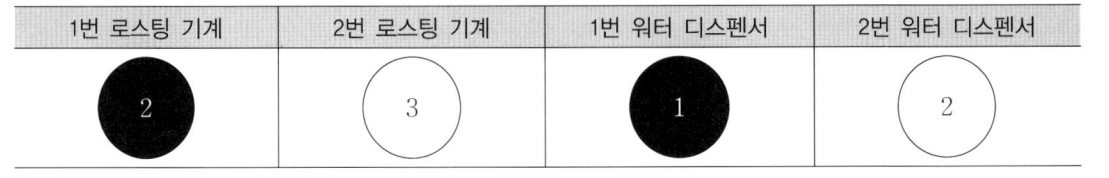

① 서로 다른 모양의 버튼을 네 번 눌렀다.
② ♣버튼은 한 번도 누르지 않았다.
③ 기계를 운전 상태로 변경하는 버튼을 두 번 눌렀을 것이다.
④ 기계는 총 여섯 번 작동했다.
⑤ 1번 워터 디스펜서가 0회, 2번 워터 디스펜서가 3회 작동했다면 누르는 버튼은 달라질 수 있다.

[43~44] 다음 글을 보고 이어지는 물음에 답하시오.

'산업재해'란 산업 활동 중에 일어난 사고로 인해 사망하거나 부상을 당하고, 또는 유해 물질에 의한 중독 등으로 직업성 질환에 걸리거나 신체적 장애를 갖게 되는 것을 말한다. 우리나라 산업안전보건법에서는 근로자가 업무에 관계되는 건설물·설비·원재료·가스·증기·분진 등에 의하거나, 직업과 관련된 기타 업무에 의하여 사망 또는 부상하거나 질병에 걸리게 되는 것을 산업재해로 정의하고 있다.

우리나라에서는 1953년 제정된 근로기준법 제6장에서 안전과 보건에 관한 조항을 규정한 것이 그 시초로, 1963년에는 산업재해보상보험이 제정되었다. 그러나 산업안전보건에 대한 예방대책은 1981년 산업안전보건법이 제정, 공포되면서 본격적으로 추진되었다.

한편, 산업재해 발생의 기본적 원인은 교육적 원인과 기술적 원인, 작업 관리상의 원인으로 나눌 수 있다. 교육적 원인은 안전 지식의 불충분, 안전 수칙의 오해, 경험이나 훈련의 불충분과 작업관리자의 작업 방법 교육 불충분 등이 있고, 기술적 원인은 건물·기계 장치의 설계 불량, 구조물의 불안정, 재료의 부적합, 생산 공정의 부적당 등이 있다. 마지막으로 작업 관리상의 원인은 안전 관리 조직의 결함, 안전 수칙 미지정, 작업 준비 불충분, 인원 배치 및 작업 지시 부적당 등이 있다. 이밖에도 산업재해 발생의 원인에는 기본적 원인이 아닌 직접적 원인도 있는데, 불안전한 행동과 불안전한 상태로 나눌 수 있다. 불안전한 행동은 위험 장소 접근, 안전장치 기능 제거, 보호 장비의 미착용 및 잘못된 사용, 위험물 취급 부주의 등이 있고, 불안전한 상태에는 시설물 자체 결함, 전기 시설물의 누전, 구조물의 불안정, 생산 공정의 결함 등이 있다.

43 위 글에 대한 설명으로 옳지 않은 것은?

① 사고로 인한 사망이 아닌 유해 물질에 중독되는 것도 산업재해로 본다.

② 작업 준비 불충분은 기본적 원인 중 작업 관리상의 원인에 해당한다.

③ 1963년 산업안전보건법이 제정되었다.

④ 산업재해의 발생 원인 중 불안전한 상태는 근로자 측이 아닌 사용자 측에서 기인한 것으로 볼 수 있다.

⑤ 안전 규칙 및 안전 수칙을 지키면 불안전한 행동을 방지할 수 있다.

44 다음 중 산업재해가 개인에게 끼치는 영향으로 옳은 것은?

① 재해를 당한 근로자에 대한 보상 부담

② 일시적 또는 영구적인 노동력 상실

③ 노동 인력 결손으로 인한 작업 지연

④ 건물, 기계, 기구 등의 파손

⑤ 근로 의욕 침체와 생산성 저하

[45~46] 다음은 세탁기 구입 시 받은 세탁기 사용 설명서이다. 이를 보고 이어지는 물음에 답하시오.

세탁기 사용 시 주의사항

☐ 급수구 그물망 청소

- 물이 잘 나오지 않을 때는 급수구 그물망에 이물질(모래, 돌, 흙 등)이 끼어 있을 수 있으므로 그물망을 빼서 청소해 주세요.
- 물에 찌꺼기가 많이 나오는 곳(지하수를 사용하는 경우, 여름철 장마 후, 수도관이 언 경우, 새로 지은 아파트, 아파트 물탱크 청소 직후, 상수도관 매설이 오래된 지역 등)은 자주 청소해 주세요.
  - 급수구 윗면에 있는 그물망을 공구(집게)나 손으로 잡아 뺍니다.
  - 그물망을 물에 담궈 칫솔 등으로 이물질을 닦아내고 헹굽니다.
  - 그물망을 급수구에 다시 끼웁니다.
  - 급수호스, 전원코드, 수도꼭지를 연결하고 세탁기를 작동시켜 정상적으로 작동되는지 확인합니다.

☐ 찌꺼기 거름망 청소

- 세탁물에서 떨어지는 먼지나 실밥 등이 세탁기 물살에 의해 모아집니다.
- 찌꺼기 거름망 손상 시 가까운 서비스센터에서 구입해 주세요.
  - 찌꺼기 거름망을 위로 당겨 빼 주세요.
  - 거름망을 뒤집어서 찌꺼기를 제거하신 후 물에 헹궈 주세요.

☐ 얼지 않게 하려면

- 수도꼭지를 잠그고 호스 속의 물을 완전히 빼세요.
- 세탁조와 배수호스에 물이 남지 않도록 1분간 탈수시켜 주신 후, 전원플러그를 빼 주세요.
  - ※ 얼었을 때는
    - 수도꼭지에 따뜻한 물을 부어 급수호스를 빼세요.
    - 따뜻한 물을 세탁조에 넣어서 잠시 그대로 둡니다.
    - 급수호스를 따뜻한 물에 담가 두세요.
    - 급수호스를 연결한 후 급수 및 배수 동작 여부를 확인하세요.

궁금한 사항

☐ 이상한 소리가 나요!

- 세탁기 통이 정지하면서 '샤' 하는 소리가 나요!
  - ☞ 탈수 후 통의 수평을 잡아주기 위한 소리로 정상 작동 소리입니다.
- 급수 중 '위' 하는 소리가 나요!
  - ☞ 급수밸브가 작동하면서 나는 소리로 정상 작동 소리입니다.
- 작동 중 통이 돌아가면서 나는 소리 외로 '옹' 하는 소리가 나요!
  - ☞ 공기방울을 발생시키는 소리입니다.

☐ 세탁기가 이상해요!

- 탈수 중에 갑자기 헹굼으로 바뀌면서 남은 시간이 늘어나 세탁시간이 길어져요!
  - ☞ 탈수 중 빨래가 한쪽으로 몰리면 진동이 심해지므로 빨래의 몰림을 풀어주기 위한 현상입니다. 3회 반복 시에도 빨래가 한쪽으로 몰릴 경우 에러표시(UE)와 함께 신호음이 납니다. 이때는 빨래를 골고루 펴준 후 뚜껑을 닫고 동작버튼을 누르세요.
- 세탁 중에 세탁기에서 찌꺼기 등이 나와서 오히려 때가 더 묻어요!
  - ☞ 빨래하고 남은 비누 조각들이 내부에 쌓여 세탁물을 오염시킨 경우입니다. 세탁조를 청소해 주세요. 청소용 세제는 서비스 센터로 문의해 주세요.

> • 헹굼 1회 때 배수하고 난 뒤에 탈수가 약해요!
>   ☞ 세탁물을 너무 많이 넣거나, 세제가 많아서 거품이 과다하게 발생하여 나타나는 현상으로 세탁물과 세제를
>   적당량만 넣으세요.
> • 급수도 하지 않았는데 모터가 동작해요!
>   ☞ 빨래의 양 감지를 위해 급수 전에 모터가 약 5초간 작동됩니다.

45 위 설명서의 내용으로 옳지 않은 것은?

① 급수를 시작하기 전에 빨래의 양 감지를 위한 모터가 작동된다.
② 급수구 그물망 청소 시에는 칫솔을 이용하면 좋다.
③ 탈수 중에 빨래가 한쪽으로 치우치면 세탁시간이 길어진다.
④ 급수밸브가 정상적으로 작동하면 '샤' 하는 소리가 난다.
⑤ 찌꺼기 거름망이 손상됐을 경우에는 서비스센터에서 새로 구입해야 한다.

46 한겨울에 세탁기가 얼지 않도록 하는 대처법으로 맞는 것은?

① 배수호스에 일정량의 물이 남아 있도록 둔다.
② 빨래를 많이 넣어서 자주 돌린다.
③ 따뜻한 물을 하루 종일 세탁조에 담아 두어 세탁기가 얼지 않도록 한다.
④ 수도꼭지를 살짝 열어 둔다.
⑤ 1분간 탈수한 후 전원플러그를 빼둔다.

[47~48] 온풍기를 구매하여 설치한 지 2일 만에 따뜻한 바람이 나오지 않는 고장이 발생하였다. 다음 온풍기 고장 시 조치 사항 및 피해 보상 안내에 관한 내용을 보고 이어지는 물음에 답하시오.

제품 증상에 따른 조치 사항

증상	조치
진동과 소음	• 평평한 바닥에 놓고 사용한다. • 제품 위에 무거운 물건을 놓지 않는다.
바람이 약함	• 풍속 조절을 강풍으로 해 본다. • 220V 전압을 확인한다. • 필터의 먼지 상태를 확인하고, 주기적으로 청소를 한다.
바람이 따뜻하지 않음	• 실내온도가 30도 이상이면 송풍모드로 전환되므로 실내온도를 확인한다. • 장시간 작동 시 과열될 수 있으므로 잠시 전원을 끄고 15~20분 후 재가동한다.
작동하지 않음	• 전원 스위치를 제대로 작동시킨다. • 전원 코드가 제대로 꽂혀 있는지 확인한다. • 필터의 결합 상태를 확인한다.

보증기간에 따른 소비자 피해 보상

소비자 피해 유형		보상 및 처리	
구분	세부 유형	보증기간 이내	보증기간 이후
소비자 과실로 인한 고장 발생	제품 수리가 가능한 경우	유상 수리	유상 수리
	제품 수리가 불가능한 경우	유상 수리 비용 부담 후 동일 제품 교환	정액 감가상각한 금액에 10% 가산하여 환급
정상적으로 사용했으나 제품 이상으로 인한 고장 발생	구입 후 일주일 이내	동일 제품 교환, 구입가 환불	–
	구입 후 1개월 이내	동일 제품 교환, 무상 수리	–
	제품 하자가 발생한 경우	무상 수리	무상 수리
	제품 수리가 불가능한 경우	동일 제품 교환, 구입가 환불	정액 감가상각한 금액에 15% 가산하여 환급
	구입 후 제품 운송 또는 설치 과정에서 문제가 발생한 경우	동일 제품 교환	–

47 위 내용에 따라 올바른 조치를 취한 것은?

① 장시간 작동 시 과열되므로, 잠시 전원을 껐다가 다시 켜 본다.
② 온풍기의 풍속 조절 상태를 강풍으로 조절해 본다.
③ 필터의 먼지 상태를 확인하고, 청소를 해 준다.
④ 제품을 평평한 곳에 다시 놓고, 위에 올려진 무거운 물건을 치운다.
⑤ 필터의 결합 상태를 확인한다.

48 원인 분석 후 고쳐서 잘 사용하였지만 3일 후에 다시 작동하지 않는 고장이 발생하였다. A/S를 신청하면 어떤 보상이나 처리를 받을 수 있는가?

① 무료로 동일 제품 교환을 받을 수 있다.

② 정액 감가상각한 금액에 10%를 가산하여 환급받을 수 있다.

③ 정액 감가상각한 금액에 15%를 가산하여 환급받을 수 있다.

④ 유상 수리를 받을 수 있다.

⑤ 무상 수리를 받을 수 있다.

[49~50] 다음은 갑이 구매한 A사의 식기세척기 사용 설명서를 보고 이어지는 물음에 답하시오.

식기세척기 사용 설명서

• A식기세척기는 세척 시 물을 고온(70도), 고압으로 분사하여 세척 날개를 회전시켜 세척합니다.
• 절수, 세제절감, 에너지 절감형의 식기세척기입니다.
  (월간 물 + 전기 사용료 : 3,300원~4,500원)

세척 후에는 반드시 필터를 청소해 주십시오	세척이 잘 되지 않는 식기류
• 필터는 둥근 필터와 사각 필터로 나누어져 있으므로 필터 모두를 청소해 주십시오. • 필터를 청소하지 않을 경우 작동에 이상이 생길 수 있습니다.	눌어붙은 냄비, 눌어붙은 프라이팬, 눌어붙은 밥솥, 립스틱 자국, 계란찜 그릇, 밥주걱 등 눌어붙은 조리기구, 내열온도 80도 이하의 플라스틱 식기류
잔수가 남아 있는 경우	**세척기 내부 변색 및 냄새 발생 시**
• 식기세척기는 구조상 배수를 하여도 거름망 아래 잔수가 조금 남아 있습니다. • 제품 출하 시 검사 과정 중 내부에 미량의 물이 남을 수 있습니다. • 세척 시 잔수는 배수되며 깨끗한 물을 받아 세척합니다. • 배수가 안 될 경우에도 시중의 약품은 사용하지 마세요.	• 식기와 제품 내부에 흰색 얼룩 발생 시 : 지하수를 사용하거나 석회질이 많은 지역에서 발생할 수 있습니다. 흰색의 얼룩은 칼슘, 마그네슘, 철분 등이 많이 함유된 물에서 이온이 세제성분과 화학적으로 반응하여 발생한 것입니다. • 제품 내부에 냄새 발생 시 : 장시간 사용하지 않거나 필터를 청소하지 않을 때 내부에 음식물 냄새가 날 수 있습니다. • ○○그릇 사용 시 회색마크가 생길 수 있습니다.

※ 별도 구입 물품 : 전용세제와 린스(일반매장에서도 판매), 연장 전원코드, 급수호스 및 배수호스의 연장호스, 배수호스 연장관

---

49 위 사용 설명서를 참고할 때, 식기세척기에 관한 설명으로 옳지 않은 것은?

① 수돗물에 석회질이 많이 포함된 지역에서는 식기에 흰색 얼룩이 생길 수 있다.
② 세척 시 물을 고온, 저압으로 분사하여 세척 날개를 회전시켜 세척한다.
③ 필터는 둥근 필터와 사각 필터로 나누어져 있다.
④ 배수호스의 연장호스와 연장관은 모두 별도 구입해야 한다.
⑤ 배수가 안 될 경우에도 시중의 약품을 사용하면 안 된다.

50 위 사용 설명서를 참고할 때, 세척이 잘 되지 않는 식기류를 〈보기〉에서 모두 고르면?

> ┌ 보기 ┐
> ㉠ 눌어붙은 밥솥
> ㉡ 고깃국을 끓인 냄비
> ㉢ 밥주걱
> ㉣ 코팅되지 않은 프라이팬
> ㉤ 내열온도 90도의 플라스틱 컵
> ㉥ 립스틱 얼룩이 묻은 커피잔
> ㉦ 눌어붙은 프라이팬

① ㉠, ㉡, ㉢, ㉦　　　　　　　② ㉠, ㉢, ㉥, ㉦
③ ㉠, ㉡, ㉢, ㉥　　　　　　　④ ㉡, ㉢, ㉤, ㉥
⑤ ㉡, ㉢, ㉣, ㉦

한국농어촌공사

직업기초능력평가

박문각

한국농어촌공사

직업기초능력평가

봉투모의고사

/

2회

박문각

제2회 직업기초능력평가

	공통	의사소통능력, 수리능력, 문제해결능력, 정보능력	
선택	경상, 법정, 농학, 전산 등	자원관리능력	총 50문항 / 50분
	토목일반, 조경, 기계 등	기술능력	

01 다음 글을 논리적 순서대로 알맞게 배열한 것은?

> (가) 다시 말해 지리적 조건은 지금의 경제 성장의 직접적인 원인이 아니라는 것이다. 오히려 지리적 조건은 과거에 더 잘살던 지역에서는 경제 성장에 불리한 방향으로, 더 못살던 지역에서는 유리한 방향으로 제도가 발달하게 된 '제도의 역전'이라는 역사적 과정에 영향을 끼쳤다는 것이다.
>
> (나) 그런데 최근에 각국의 소득 수준이 위도나 기후 등의 지리적 조건과 밀접한 상관관계를 가진다는 통계적 증거들이 제시되었다. 제도와 달리 지리적 조건은 소득 수준의 영향을 받지 않는다. 이 때문에 지리적 조건이 사람들의 건강이나 생산성 등과 같은 직접적인 경로를 통해 경제 성장에 영향을 끼친다는 해석이 설득력을 얻게 되었다.
>
> (다) 이제 지리적 조건의 직접적인 영향을 강조하는 학자들도 간접적인 경로의 존재를 인정하게 되었다. 하지만 직접적인 경로가 경제 성장에서 더욱 중요하고 지속적인 영향을 끼친다는 입장에는 변함이 없다.
>
> (라) 많은 경제학자들은 제도의 발달이 경제 성장의 중요한 원인이라고 생각해 왔다. 예를 들어 재산권 제도가 발달하면 투자나 혁신에 대한 보상이 잘 이루어져 경제 성장에 도움이 된다는 것이다. 그러나 이를 입증하기는 쉽지 않다. 제도의 발달 수준과 소득 수준 사이에 상관관계가 있다 하더라도, 제도는 경제 성장에 영향을 줄 수도 있지만 경제 성장으로부터 영향을 받을 수도 있으므로 그 인과관계를 판단하기 어렵기 때문이다.
>
> (마) 반면에 제도를 중시하는 경제학자들은, 지리적 조건이 직접적인 원인이라면 경제 성장에 더 유리한 지리적 조건을 가진 나라가 예나 지금이나 소득 수준이 더 높아야 하지만 그렇지 않은 사례가 많다는 사실에 주목하였다. 이들은 '지리적 조건과 소득 수준 사이의 상관관계'와 함께 이러한 '소득 수준의 역전 현상'을 동시에 설명하려면, 제도가 경제 성장의 직접적인 원인이고 지리적 조건은 제도의 발달 방향에 영향을 주는 간접적인 경로를 통해 경제 성장과 관계를 맺는 것으로 보아야 한다고 주장한다.

① (라) － (나) － (마) － (가) － (다)
② (나) － (라) － (가) － (다) － (마)
③ (마) － (가) － (다) － (나) － (라)
④ (라) － (가) － (나) － (다) － (마)
⑤ (가) － (다) － (라) － (마) － (나)

02 다음 글의 내용과 일치하지 않는 것은?

루소 이전의 사상가들은 대부분 자신이 남들보다 잘나고 똑똑하다고 확신했다. 그래서 그들은 지저분한 몰골에 무식하기 이를 데 없는 민중을 보며, 믿을 수 있는 인간은 극소수에 불과하다고 생각하였다. 그러므로 그들은 특출한 한두 사람이 세상을 지배하는 것이 옳다고 보았으며, '어떻게 해야 저들을 번듯한 인간으로 살게 해 줄 수 있을까?'를 푹신한 안락의자에 앉아 하인이 가져온 차를 마시며 고민하였다. 그런데 그들은 민중의 불쌍한 처지를 걱정한 것이 아니라 철없는 민중들의 '무질서'를 두려워했다. 무식하고 이기적인 사람들을 어떻게 통제해야 사회 질서가 유지될 수 있을까? 이것이 바로 루소 이전 사상가들의 진짜 고민이었다. 결국 답은 한 가지뿐이었다. 말 안 듣는 아이에게는 매가 약이듯이 민중들을 다스리기 위해서는 폭력이 필요하다고 생각했다.

'복종하지 않고 멋대로 굴면 죽음뿐이다!' 사람들에게 공포심을 심어 주는 것만큼 효과적인 것은 없었다. 그래서 왕에게 반항한 죄인은 군중이 보는 앞에서 잔인하게 처형했다. 이러한 사회에서 민중은 자신들의 생각을 자유롭게 펼치지 못했다. 그러므로 루소 이전의 지배층과 민중 사이의 '사회 계약'은 일종의 수직적인 계약으로 볼 수 있다. 그 계약은 단지 아랫사람이 윗사람에게, 즉 모든 민중이 왕에게 철저히 복종하겠다는 맹세였을 뿐이다.

그러나 루소는 이와는 완전히 다르게 생각했다. 그는 힘으로 민중들을 억누르고 공포심을 일으켜서 질서를 유지하려는 사상가들의 생각을 거부했다. 루소는 가난하고 배운 것 없는 사람들의 착한 마음을 믿었으며, 평범한 사람들이 서로 도와서 행복한 사회를 만들 수 있을 것이라고 생각했다. 즉 그는, 지배계급의 힘에 눌려서 아무 일 없이 조용하기만 한 사회가 아니라 사람들이 서로 도우며 소중한 가치를 추구하는 한 차원 높은 '질서'를 꿈꾸었던 것이다. 루소가 주장했던 사회 계약은 '자유롭게 행동하는 사람들'을 함께 묶는 수평적인 계약이었다. 그는 사람들이 스스로 뭉쳐서 창조한 공동체를 통해서 개인의 잠재력을 최대한 발휘할 수 있다고 생각했다. 이처럼 루소 이전의 사상가들이 오로지 '통제'만을 생각했던 것에 비해 루소는 '협동'을 떠올렸다.

개인은 왜 자기 마음대로 행동하지 않고 사회 질서를 지키며 사회 발전을 위해 노력해야 하는가? 그것은 누가 시켜서 강제로 따르는 것이 아니라 그렇게 하는 것이 개인과 사회 모두에게 이익이 되기 때문이다. 루소는 <사회계약론>에서 어떻게 해야 개인과 공동체 모두가 이익을 누릴 수 있을까 하는 문제를 놓고 끊임없이 고민했다. 그는 민중을 내려다보며 한심해하는 엘리트가 아니라 민중의 입장에서 생각한 최초의 사상가였던 것이다.

① 루소는 이전 사상가들과는 달리 수평적인 사회 계약을 주장했다.
② 루소 이전의 사상가들은 민중들의 무지와 불쌍한 처지를 동정하기만 했다.
③ 루소 이전에는 민중의 입장에서 생각한 사상가가 없었다.
④ 루소는 사회 발전을 위해 사람들이 서로 돕는 것이 중요하다고 생각했다.
⑤ 루소 이전의 사상가들은 공포심으로 민중을 다스리는 것이 가장 효과적이라고 생각했다.

03 다음 글의 빈칸에 들어가기에 가장 적절한 문장은?

> 19세기 말 당시 학자들은 염색체 속의 단백질이 유전물질이라고 굳게 믿고 있었다. 당시에는 염색체 속의 핵산은 당, 인산, 네 개의 염기로 구성된 반복 단순구조로서, 단지 염색체의 단백질을 고정시키는 물질일 것으로 추측하고 있었다. 왜냐하면 핵산이 단지 네 종류의 단위 블록으로 구성된 단순 구조인 반면, 단백질은 20종류의 아미노산으로 구성되어 있어서 유전형질의 구조적·기능적 다양성을 제공할 수 있을 것으로 믿었기 때문이었다. 그러나 단백질이 어떤 메커니즘으로 유전에 관여하는지에 대해서는 알지 못했다.
>
> 1928년 그리피스는 폐렴균의 발병성을 연구하던 실험 과정에서 단백질이 유전물질이라는 믿음에 의문을 품게 되었고, 1944년 유전학자 에이버리는 이러한 그리피스의 실험을 기초로 한 실험에서, DNA가 유전물질이라는 사실을 확인했다. (   )
>
> 단순한 구조의 DNA가 복잡한 유전적 형질을 나타낼 수 없다고 생각한 것이다. 1950년 허시와 체이스는 박테리오파지라는 바이러스를 이용해 실험한 결과 바이러스가 단백질이 아닌 DNA를 통해 자가 복제한다는 사실을 밝혀냈다. 이로써 유전물질의 정체가 결정적으로 밝혀지게 되었는데, 이는 기존의 통설을 뒤집는 것이었다. 그리고 몇 년 후, 왓슨은 DNA의 필수 구성 요소인 네 개의 염기가 정확한 쌍을 이루어 연결되어 있다는 사실을 발견했다. 그리고 이를 바탕으로 크릭 등과 함께 DNA 분자가 이중 나선 구조라는 것을 밝혀냈으며, DNA가 어떻게 자가 복제하는지도 보여줌으로써 유전의 메커니즘을 알아냈다.

① 하지만 많은 학자들은 에이버리가 그리피스의 실험 과정을 그대로 답습했음에도 상반된 결과를 내놓았기에 이를 인정하지 않았다.

② 그러나 에이버리의 실험에도 불구하고 많은 학자들은 여전히 DNA가 유전물질일 것이라는 확신을 갖지 못했다.

③ 에이버리의 실험으로 인해 많은 학자들은 DNA가 유전물질이라는 확신을 가지게 되었다.

④ 하지만 에이버리는 그리피스의 실험결과와는 다른 주장으로 인해 많은 학자들로부터 불신을 사게 되었다.

⑤ 또한 에이버리는 바이러스가 DNA를 통해 자가 복제하는 과정을 알아냈다.

04 다음 문장들을 순서대로 가장 적절하게 배열한 것은?

> ㉠ 움직이는 이미지들은 우리의 의식을 사로잡고 우리의 눈을 구속한다. 우리의 시선이 영화의 이미지들을 포착하는 것이 아니라 영화의 이미지들이 우리의 시선을 붙잡는다. 영화 이미지의 능동성과 그 능동성이 끌어낸 우리 정신의 수동성은 영화를 초기부터 프로파간다의 도구로, 국가의 통제도구로 사용하게 만들었다.
>
> ㉡ 영화와 정치의 관계는 이러한 토대 위에 출발한다. 그런데 영화에서는 이제 개인의 소외나 왜곡이 중요한 문제가 되지 않는다. 현대 영화에서 무엇보다도 중요한 문제는 일상의 파시즘, 생산의 파시즘이다. '파시즘'이라는 동일한 근성에 의해 히틀러와 할리우드는 연결된다.
>
> ㉢ 식민지 통치를 합리화하기 위한 유럽 제국주의의 문화 정책도구로 영화가 사용된 것, 영화광 히틀러가 파시즘의 선전도구로 영화에 대해 맹렬한 애착을 보인 것은 우연이 아니다.
>
> ㉣ 영화의 이미지들은 스스로 움직인다. 스스로 움직이는 이미지들 앞에서, 우리는 한없이 수동적인 존재가 된다. 영화는 그 어느 예술보다도 우리 정신의 수동성을 요구한다. 움직이지 않고도 우리가 세계를 지각할 수 있고 알 수 있다는 것, 이것은 편안함에 대한 얼마나 큰 유혹인가.

① ㉢ - ㉡ - ㉠ - ㉣

② ㉢ - ㉠ - ㉡ - ㉣

③ ㉠ - ㉣ - ㉢ - ㉡

④ ㉣ - ㉠ - ㉢ - ㉡

⑤ ㉣ - ㉢ - ㉡ - ㉠

05 다음 글의 내용과 일치하지 않는 것은?

해양 선박 사고로 유출되는 기름은 한꺼번에 바다에 쏟아지기 때문에 심각한 오염원이 되고, 유출된 기름은 해류, 조석, 바람에 의해 이동한다. 그중 용해 성분은 해수로 녹아들고 휘발성분은 대기 중으로 증발해 대기 오염원이 된다. 그리고 휘발성분이 날아간 기름은 갈색의 끈적끈적한 에멀션이 되거나 시간이 지나면 오일볼(oil ball)을 형성하기도 한다. 이런 오일볼은 해저에 가라앉아 있다가 기온이 상승하면 떠오르면서 터지고, 이는 유막을 만들어 2차 환경 오염원이 된다.

유출된 기름의 유독 성분은 해양과 해안의 동·식물에게 치명적인 피해를 입힌다. 특히 개펄에서는 기름이 퇴적물 속으로 스며들어 장기간 잔류하기 때문에 이곳에 서식하는 해양생물들은 수년에서 수십 년 동안 오염이 될 수 있다.

해상에 기름 유출 사고가 일어나면 유출된 기름의 확산을 방지하기 위해 오일펜스를 설치한 후 유출된 기름을 회수하게 된다. 회수 방법에는 물리적 방법과 화학적 방법이 있다. 물리적 방법에는 유회수기와 흡착포 사용 방법이 있다. 유회수기 사용은 선박을 이용해 오염지역에 직접 나가서 오염된 바닷물에서 기름과 물을 분리해 내는 방법이다. 그러나 이것은 유출된 기름의 점도가 높거나 덩어리가 된 상태, 주변에 부유물이 많은 경우 등에는 사용하기 어렵다. 그리고 해안에서는 수면이 낮아 배를 띄울 수 없어서 유회수기를 사용할 수 없다. 이 경우에는 흡착포로 기름을 걷어낸다. 흡착포는 폴리프로필렌 재질의 섬유로 만든 압축 솜이다. 폴리프로필렌은 기름과 친하고 물을 싫어하기 때문에 기름만 빨아들인다. 노동력은 많이 들지만 친환경적이다. 그러나 수심이 깊은 곳에서는 사용하기 어려우며, 대규모 오염사고에서는 엄청난 양의 흡착포가 필요하다는 단점이 있다.

화학적 방법으로는 유처리제나 유겔화제를 오염지역에 뿌리는 방법이 있다. 유처리제 사용 방법은 화학 물질을 이용하여 기름을 분산시킨 후 자연 정화작용에 의해 기름이 저절로 없어지게 돕는 방법이다. 이것은 기름이 유출된 후 오랜 시간이 지나서 유막이 얇게 확산되었거나, 처음부터 유출량이 적어서 유막이 얇게 형성된 경우에는 물리적 방법보다 훨씬 효과적이다. 그러나 유처리제는 기름의 분산 속도를 높일 뿐 완전히 없어지는 못한다. 한편, 유겔화제는 바다에 넓게 퍼져 있는 기름을 서로 달라붙게 해서 물리적 방법을 사용한 기름 제거 작업을 보다 쉽게 하도록 도와준다. 그런데 유처리제나 유겔화제 사용 방법은 화학 물질을 이용하기 때문에 2차 환경오염을 일으킬 수 있다는 문제도 지적되고 있다.

① 유출된 기름에서 휘발성분이 날아가면 오일볼이 형성되는데, 이는 2차 오염을 유발하기도 한다.
② 기름 유출을 회수하는 방법 중 가장 친환경적인 방법은 흡착포를 사용하는 것이다.
③ 기름 유출 사고가 났을 때 개펄의 피해가 심한 것은, 유출된 기름이 퇴적물 속에 스며들어 장기간 잔류하기 때문이다.
④ 유회수기로 기름을 회수하는 방법은 유출된 기름의 점도가 높거나 주변에 부유물이 많은 경우에 효과적이다.
⑤ 유처리제를 기름이 유출된 지역에 뿌리는 방법은 유출량이 적을 경우 효과적이나, 기름을 완전히 없애지는 못한다.

06 다음 글의 내용과 일치하지 않는 것은?

업사이클링이란 용어는 1994년 독일의 리너 필츠가 인터뷰에서 처음으로 사용하면서 알려졌는데, 버려진 자원이나 쓸모없는 폐품을 원재료를 분해하는 과정 없이 잘 활용해서 원래보다 더 좋은 품질 또는 더 높은 환경적 가치가 있는 제품으로 재가공하는 과정이다. 기계적, 화학적 공정을 통해 다른 형태의 재료로 바꾸어 사용하는 다운사이클링과는 다르다고 할 수 있다. 일반적으로 버려진 제품들과 쓰레기들을 다시 활용하는 재료순환(rematerialization)에는 두 가지 방법이 있는데, 하나는 직접적 활용에 기초한 '재사용(re-use)'이며 다른 하나는 재처리 과정에 기초한 '재활용(re-cycling)'이다. 이러한 과정을 거쳐 생산되는 모든 부자재의 품질을 보증하는 데 있어 주요 자재의 균등성은 매우 중요하다. 재사용과 재활용 과정을 거치는 동안 제품의 질이 저하된다면 업사이클링이 아닌 '다운사이클링(downcycling)'이 되어 버리기 때문이다. 그중 재활용은 처리과정에서 많은 에너지를 필요로 하며 이산화탄소가 발생하는 등 많은 문제를 야기시킨다. 그래서 필요한 것이 재활용에서 한 단계 업그레이드한 업사이클링이다. 이 같은 배경으로, 환경개선과 자원절약을 위한 가장 이상적인 디자인으로서 재료의 순환과 기술적 주기를 통해 제품을 생산하는 업사이클링 디자인이 새롭게 대두되고 있다.

업사이클링은 쓰레기를 원료의 형태로 되돌리는 공정과정 없이 필요 없는 재료나 물건을 가지고 더 가치 있는 쓰임새의 물건으로 재창조함에 따라 매립되거나 소각되는 쓰레기의 양을 줄이고, 재가공에 들어가는 추가적 자원낭비를 방지한다.

또한, 업사이클링 제품을 직접 제작하거나 사용하는 행위 그 자체로 친환경 의식을 고취할 수 있다. 자원을 아끼고 지구를 생각하는 효과적인 환경교육과 체험과정을 통해 창의적 문제해결력의 증진도 기대할 수 있다. 현재 일선 학교의 교과과정에도 재활용과 관련된 내용이 포함되어 있다. 그러므로 앞으로 교육 현장에서 더욱더 활발하게 업사이클링에 관한 논의와 실천이 진행되어야 할 것이다.

① 경우에 따라 업사이클링은 원재료로 회귀하는 과정을 거치기도 한다.
② 현행 교과과정에서 재사용과 재활용에 대한 더욱 활발한 논의가 필요하다.
③ 재사용과 재활용 과정에서 일어나는 질 저하 현상을 다운사이클링이라고 한다.
④ 재료순환 방식에는 재사용과 재활용이 있다.
⑤ 업사이클링은 현재 직면한 자원 재사용과 재활용에 관한 가장 이상적 형태의 제안이다.

07 다음의 '통신비밀보호법 개정안' 논쟁에서 동원이 제시하고 있는 논점과 같은 의도로 말한 것은?

> 동원: 현대의 변화하는 통신환경에 맞추어 범죄 역시 지능화되고 첨단화되었음에도 불구하고 국가 정보
> 수집 및 수사 기법은 19세기 시스템으로 운영되고 있습니다. 2004년도의 수능 부정 사건도 문자메
> 시지를 분석함으로써 그 전모를 파헤칠 수 있었는데요. 새 술은 새 부대에 담아야 하듯이 수사
> 기법도 정보 시대에 맞는 방법과 제도가 갖춰져야 한다고 생각합니다.
>
> 혜진: 인터넷에는 주민등록번호를 도용하는 사례가 빈발하고, 국가는 이를 제대로 해결해 주지 못하는
> 실정입니다. 그러면서 더 높은 수준의 개인 정보 취합을 국가 권력 기관 및 통신 회사에 맡기는
> 것은 고양이에게 생선 맡기는 꼴이죠. 정보 사회에서 정보는 돈이고, 권력이고, 국력입니다. 이런
> 상황에서 감시 및 감청은 돈과 권력의 유혹에 의해 언제든지 오용되고 남용될 수 있고요. 조지
> 오웰의 <1984>를 들춰보지 않더라도 개정안이 가져올 폐해는 가히 짐작이 갑니다.
>
> 동원: 정보 사회에서는 테러, 유괴, 마약 범죄 이외에 산업 스파이들에 의해 상상을 초월하는 범죄 기법
> 이 동원됩니다. 기술 유출은 국가와 기업에게 엄청난 타격을 주고, 그 여파는 국민들에게 고스란
> 히 넘겨지겠죠. 도시화, 정보화는 익명성으로 범죄 발생률을 높입니다. 언제든지 감청할 수 있는
> 구조가 되면 그만큼 범죄에 대한 유혹은 사라질 것이 분명합니다. 개정안은 감청 의뢰 기관과 감
> 청 장비 운용 기관을 분리하고 불법 감청에 대한 포상 신고제를 도입함으로써 감청 절차를 투명화
> 시켰습니다.
>
> 혜진: 정보 사회에서 민주주의가 발전하기 위해서는 개인 정보 보호가 우선시되고, 대신에 공적 정보의
> 공개 폭은 넓어져야 합니다. 휴대 전화와 인터넷 이외에 신용버스 카드 이용 내역도 감청할 수
> 있는 체제는 지나친 사생활 침해라고 생각합니다. 생명권에 견줄 수 있는 프라이버시권이 난도질
> 당하는 것입니다. 국민을 잠재적 범죄자로 취급하는 개정안은 국가에 의한 제도적 폭력이고 국가
> 정보기관의 도청을 합법화시킨 것이나 마찬가지입니다. 통신인터넷 업체가 외국 업체에 인수될
> 경우 통신비밀은 국외로 유출되어 더 많은 문제를 일으킬 수 있습니다.

① 그 누구도 간섭할 수 없는 사적인 정보 생활을 최대한 누릴 수 있게끔 국가가 보장해 줄 것을 요구
합니다.

② 국익을 위해 범죄자를 효율적으로 관리하고 처벌함으로써 대다수 국민들의 안전을 확보해야 합니다.

③ 정보 사회가 진전되어 유비쿼터스 체제가 생활화되면 개인정보 유출 문제는 해결될 것입니다.

④ 법률이 개정되면 오히려 국가가 시민들의 일상생활을 전반적으로 감청하는 폐단이 야기될 것입니다.

⑤ 잠재적 범죄자들을 관리하는 것에 앞서 국민의 기본권인 정보권과 프라이버시권을 수호하는 것이
보다 가치 있는 일입니다.

08 〈보기〉는 다음의 도시 공동체에 대한 강연을 듣고 직원들이 나눈 대화이다. 이때 바르게 이해한 사람끼리 묶은 것은?

농업 사회는 촌락 공동체의 특징적 요소인 지역성, 사회적 상호 작용, 공동의 결속감 등이 자연스럽게 구현되고 재생산되기에 적합한 사회 경제적 구조가 전제 조건이었다. 전통적 의미의 공동체는 위의 세 가지 요소를 빠짐없이 고루 갖추고 있는 집단에만 적용할 수 있는 명칭이었으나 현대인의 공동체적 삶에 대한 희구와 열망은 본래적 개념의 경계를 넘어서 공동의 목적과 이념을 추구하는 새로운 형태의 공동체 운동을 시도해 왔다.

도시 공동체는 도시를 기본 단위로 도시의 주거 · 직장 · 여가 활동을 위해 필요로 하는 시설, 자원, 제도가 사람이 사는 터전을 중심으로 유지되는 공동체로서 자연 발생적 공동체가 아닌 '의도적 공동체'라고 할 수 있다. 이 '의도적 공동체' 가운데 코뮌(commune)은 구성원들이 지리적으로 근접해 있어 일정한 테두리 속에서 일상적 상호 작용을 하며, 정서적으로도 밀접하게 통합되어 있다. 이 코뮌은 생산물과 재산의 사적 소유를 금지하고 모든 것을 공동 분배 · 관리하는 공산제적 성격의 집단을 그 전형(典型)으로 하며, 코뮌의 참여자들은 애초부터 어떤 이념 기치 아래 자발적으로 공동의 생활을 영위한다. 코뮌에서는 모든 경제 행위와 인간관계, 문화 활동 등 생활의 전 영역을 공동으로 해결하므로 주거 공간과 노동 조건 같은 삶의 자족적 시스템이 창출(創出)되는 것이 전제 조건이다.

그러나 도시에서는 코뮌 같은 공동생활의 자족적 시스템을 스스로 만들어 내기가 현실적으로 어렵다. 따라서 공간적 근접성으로 인한 상호 접촉의 기회가 상대적으로 높고, 공동의 이해관계를 발견하기가 비교적 쉬운 기존의 물리적 조건을 활용해서 공동체적 요소가 강한 사회 문화적으로 동질화된 세력을 구성하려는 시도(試圖)를 해야 한다. 또한 생활의 영역 가운데 가장 주된 관심사 한두 가지의 공동 이해(利害)를 기반으로 단일한 목적이나 이념을 갖는 사람들로 목적지향적 집단인 '협동조합'을 구성하려는 경향도 있다. 그러나 실제 도시에서 시도되는 공동체의 성격을 보면 공동체적 요소들의 다양한 조합(組合)으로 나타나기 때문에 유형화하기가 쉽지 않다. 이를테면 아파트와 같은 정주(定住) 공동체는 구성을 시도하는 시점부터 거주 시설의 집단화라는 조건이 있으므로 지역성, 즉 공간 근접성은 높지만 구성원들의 목적의식이나 가치관의 동질성은 그리 높다고 할 수 없다. 협동조합은 일단 공동의 목적을 가진 사람들이 모여, 그 목적을 실현하는 과정에서 그들의 고유한 이념을 확산하고 심화시키려 한다는 점에서, 이념으로 뭉친 결사체보다는 덜하지만 뚜렷한 가치 지향성을 가진다고 할 수 있다. 다만 지역성은 참여자들의 삶의 터전이 밀접해 있을 수도, 아닐 수도 있다는 점에서 어느 정도 융통성이 있다고 할 수 있다. 코뮌의 경우는 생활의 대부분을 긴밀하게 공유하므로 지역성과 이념성이 모두 높은 반면, 이념적 결사체는 공간 근접성을 중시하지 않는다.

이렇게 공동체 운동은 가치관이나 삶의 태도가 이질적인 구성원들을 대상으로 사회 문화적 동질화를 꾀하는 한편, 참여자들의 관심과 사고 범위가 개인의 이익에 국한되거나 집단 이기주의로 흐르지 않고 이웃, 지역 사회, 시민 사회 전반의 유익함을 고려하는 경향성을 갖고 있다. 공동체 운동을 통해서 이러한 개인의 의식의 발전, 사고의 전환이 가능하다면 공동체 운동은 매우 더디지만 사회 전체의 변화를 기약한다고 할 수 있다.

┌ 보기 ┐

김 대리 : 도시에서는 공동생활의 자족적 시스템을 스스로 만들어 내기가 현실적으로 어렵구나.

박 대리 : 협동조합은 코뮌보다 지역성과 이념성이 더욱 강한 공동체 집단이구나.

최 과장 : 코뮌은 공산제적 성격을 지닌 경제 공동체로서 이념에 의해 수동적으로 결속된 것이라고 할 수 있구나.

윤 부장 : 지역성, 사회적 상호 작용, 공동의 결속감 등을 고루 갖추고 있어야 전통적 의미의 공동체라고 할 수 있구나.

장 대리 : 사회 전체의 변화를 목적으로 개인보다는 집단의 가치를 중시하며 구성된 것이 공동체 운동의 핵심이구나.

① 김 대리, 박 대리　　　　② 박 대리, 장 대리　　　　③ 김 대리, 윤 부장
④ 최 과장, 윤 부장　　　　⑤ 윤 부장, 장 대리

09 다음 글의 내용과 일치하지 않는 것은?

세계화는 인적 유동성의 증가, 커뮤니케이션의 향상, 무역과 자본 이동의 폭증 및 기술 개발의 결과이다. 세계화는 세계 경제의 지속적인 성장 특히 개발도상국의 경제 발전에 새로운 기회를 열어주었다. 동시에 그것은 급격한 변화의 과정에서 개발도상국의 빈곤, 실업 및 사회적 분열, 환경 파괴 등의 문제를 야기하였다.

정치적인 면에서 세계화는 탈냉전 이후 군비 축소를 통해 국제적·지역적 협력을 도모하는 새로운 기회들을 제공하기도 하였다. 그러나 국제사회에서는 민족, 종교, 언어로 나뉜 분리주의가 팽배하여 민족 분규와 인종 청소 같은 사태들이 끊이지 않고 있다.

또한 세계화 과정에서 사람들은 정보 혁명을 통해 더 많은 정보를 갖고 여러 분야에서 직접 활동할 수 있게 되었다. 예를 들어 시민들은 인터넷이라는 매체를 통해 정부나 지방자치단체의 정책 결정 과정에 참여하게 되었다. 그러나 정보 혁명의 혜택에서 배제된 사람들은 더욱 심각한 정보 빈곤 상태에 빠져 더 큰 소외감을 갖게 되었다.

한편 세계화는 사상과 문화도 이동시킨다. 세계화로 인해 제3세계의 오랜 토착 문화와 전통이 손상되고 있음은 익히 알려진 사실이다. 그러나 이런 부정적인 측면만 있는 것은 아니다. 세계화는 기업 회계의 규범에서부터 경영 방식, 그리고 NGO들의 활동에 이르기까지 자신이 지나간 자리에 새로운 사상과 관습을 심고 있다.

이에 따라 대부분의 사회에서 자신들이 이러한 세계화의 수혜자가 될 것인가 아니면 피해자가 될 것인가 하는 문제가 주요 쟁점이 되고 있다. 세계화가 자신들의 사회에 아무런 기여도 하지 않은 채 그저 전통 문화만을 파괴해 버리는 태풍이 될 것인지 혹은 불합리한 전통과 사회 집단을 와해시키는 외부적 자극제로 작용하여 근대화를 향한 단초를 제공해 줄 것인지에 대한 논의가 한창 진행 중이다.

① 세계화는 민주주의의 질적 향상을 통해 국가의 의미를 강화하였다.
② 세계화는 개발도상국의 근대화를 촉진할 수도 있지만 전통문화를 훼손할 수도 있다.
③ 세계화는 정보의 빈익빈 부익부를 조장하여 정보 빈곤 상태에 빠진 사람들을 소외시켰다.
④ 세계화는 협력을 이끄는 힘이 되지만 다른 한편으로는 분열을 조장하는 위협이 되기도 한다.
⑤ 세계화는 세계 경제가 발전할 수 있는 기회를 주기도 했지만 경제 불안과 환경 파괴 같은 문제도 낳았다.

10 다음은 한국농어촌공사의 보도자료 내용이다. 이 자료의 내용과 일치하지 않는 것은?

> 한국농어촌공사(사장 이○○)는 2022년 12월 5일, 참신한 아이디어를 활용한 농어촌의 미래 성장 동력창출을 위해 제4기 KRC사내벤처팀 선발 IR대회를 열고 'K-Agro'팀과 '어벤처스'팀을 선발했다고 밝혔다. 'K-Agro'팀은 공사와 민간기업·다자은행 등이 협업하여 해외농업투자 플랫폼을 만들고, SPC(특수목적법인)를 설립해 안정적 재원을 확보하여 투자와 회수 중심으로 농업분야 해외투자 프로젝트를 추진하는 방식을 제안했다. '어벤처스'팀은, 공사가 보유한 사옥, 양·배수장 등의 시설 및 유휴부지에 수소연료전지 발전을 적용하여 분산형 전원 활용 및 열원 임대 등을 통한 새로운 부가가치 창출을 제안했다. 선정된 제4기 사내벤처팀에게는 제안 내용을 실현할 수 있도록 △업무공간과 부대시설 및 장비 사용 △창업 관련 교육 △사업 자금 등이 지원된다.
>
> 공사는 2019년부터 사내벤처 제도를 도입해 운영하고 있으며 2020년에 선정된 상생형 온실가스 감축사업은 11개 농어가에 연평균 8백만 원의 부가소득을 창출하는 성과를 거둬 현재 사업화되어 추진되고 있다.
>
> * 연도별 선정내용 : (2019년)염지하수 활용 스마트양식단지 조성사업, (2020년)상생형 온실가스 감축사업, 농어촌관광 활성화사업, (2021년)마이크로 소수력 수차모델개발 및 소수력지구 위탁 운영사업
>
> 이○○ 사장은 "공사는 기반조성, 농지은행, 지역개발 등 농어촌 자원의 전반적인 육성과 지원체계를 구축해 왔기에 농어촌 관련 창업생태계를 조성하는 데 최적의 조건을 갖추고 있다"며 "임직원의 참신한 아이디어를 바탕으로 농어촌의 혁신 성장을 이끌 수 있도록 노력하겠다"고 말했다.

① 한국농어촌공사는 2019년부터 사내벤처팀을 선발해 왔으며, 매 선발 시 2개 팀을 선발하였다.

② 'K-Agro'팀은 공사와 민간기업·다자은행 등이 협업하여 해외농업투자 플랫폼을 만들고, 농업분야 해외투자 프로젝트를 추진할 것을 제안했다.

③ '어벤처스'팀은 공사의 유휴부지를 활용한 분산형 전원 활용 및 열원 임대 등을 통한 새로운 부가가치 창출을 제안했다.

④ 사내벤처 제도 도입 첫해에는 염지하수를 활용한 스마트양식단지 조성사업이 사내벤처팀으로 선발됐다.

⑤ 2020년 사내벤처 제도를 통해 선정된 사안이 사업화되어 2022년 12월 현재 추진 중이다.

[11~13] 다음은 2019~2021년 시설채소 온실현황과 2012~2013년 시도별·온실유형별 재배면적 현황에 대한 자료이다. 이를 보고 이어지는 물음에 답하시오.

2019 ~ 2021년 시설채소 온실현황

(단위 : 개)

구분	2019년	2020년	2021년
전국	52,094	52,444	53,239
서울특별시	112	111	112
부산광역시	631	625	636
대구광역시	922	850	856
인천광역시	512	506	484
광주광역시	692	692	693
대전광역시	184	184	175
울산광역시	232	232	247
세종특별자치시	161	163	164
경기도	6,420	6,438	6,463
강원도	3,182	3,207	3,233
충청북도	2,737	2,781	2,797
충청남도	7,745	7,699	7,850
전라북도	4,777	4,775	5,204
전라남도	4,719	4,855	5,004
경상북도	9,117	9,029	9,044
경상남도	9,708	10,046	10,023
제주특별자치도	242	250	255

2012 ~ 2013년 시도별·온실유형별 재배면적 현황

(단위 : ha)

구분	2012년 비닐하우스	2012년 경질판온실	2012년 유리온실	2013년 비닐하우스	2013년 경질판온실	2013년 유리온실
서울	137	0	0	137	0	0
부산	703	0	0	672	0	1
대구	912	0	0	920	0	0
인천	279	0	0	283	0	0
광주	742	0	1	752	0	1
대전	160	0	0	173	0	0
울산	282	0	0	279	0	0
경기	6,316	39	23	6,441	38	33
강원	1,454	0	14	2,809	0	25
충북	2,140	6	3	2,324	3	4
충남	7,135	5	29	7,197	5	24
전북	3,338	20	35	5,211	1	63
전남	5,155	7	89	4,547	5	70
경북	9,183	6	25	9,263	5	21
경남	9,339	6	52	9,378	9	53
제주	155	0	6	167	0	12
세종	126	1	0	133	1	0

11 위 자료에 대한 설명으로 옳은 것은?

① 2021년 시설채소 온실 수는 전년 대비 모든 시·도에서 증가하였다.

② 2020년 강원도의 시설채소 온실 수는 서울, 세종 및 모든 광역시의 시설채소 온실 수의 합보다 많다.

③ 2021년 전국의 시설채소 온실 수는 2019년 대비 3% 이상 증가하였다.

④ 2019년 모든 도의 시설채소 온실 수는 전국 시설채소 온실 수의 92% 이상을 차지한다.

⑤ 시설채소 온실 수가 다섯 번째로 적은 지역은 항상 인천광역시이다.

12 위 자료에 대한 그래프로 옳지 않은 것은?

① 2012년 비닐하우스와 유리온실 재배면적 합

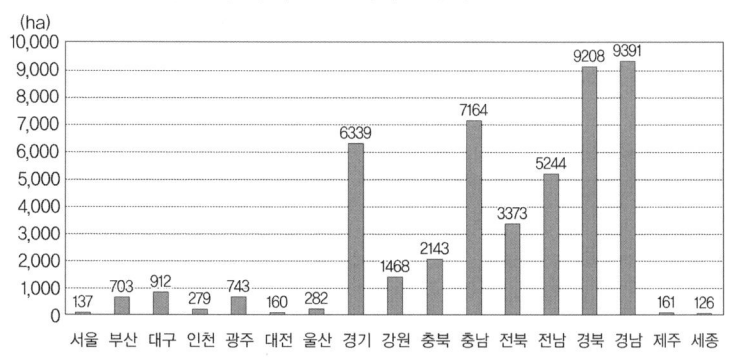

② 전년 대비 2013년 비닐하우스 재배면적 증감률

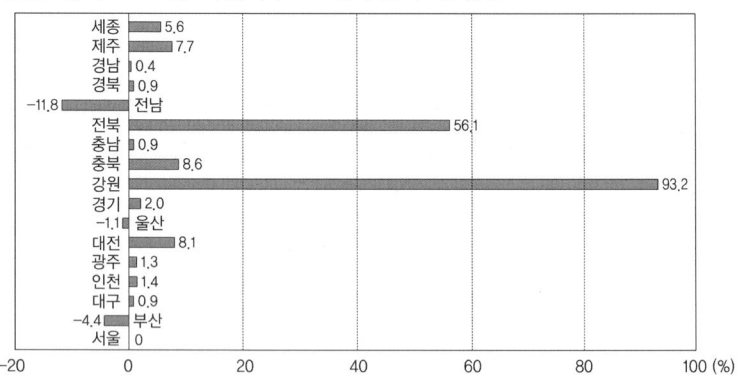

③ 2013년 경남의 온실유형별 재배면적 비율

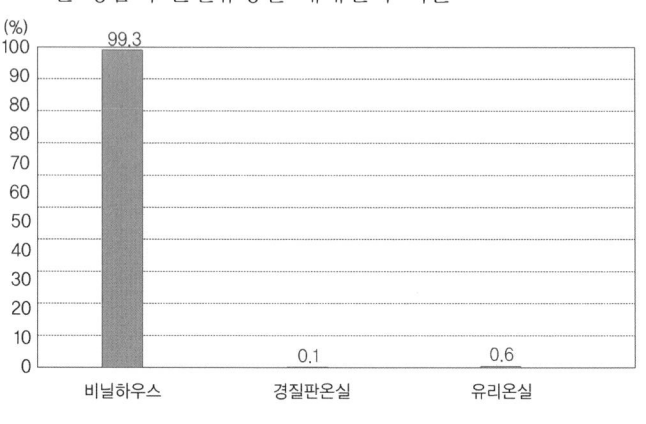

④ 전년 대비 2013년 도별 경질판온실 증감률

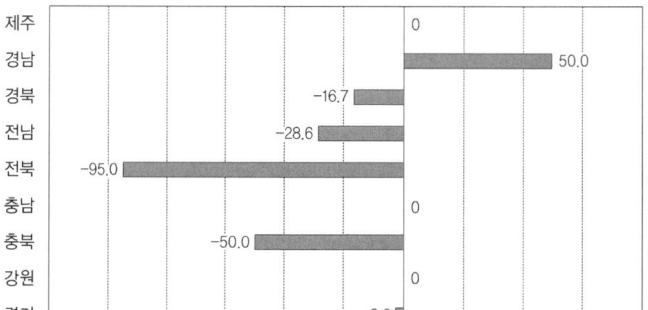

⑤ 전년 대비 2013년 도별 유리온실 재배면적 증감률

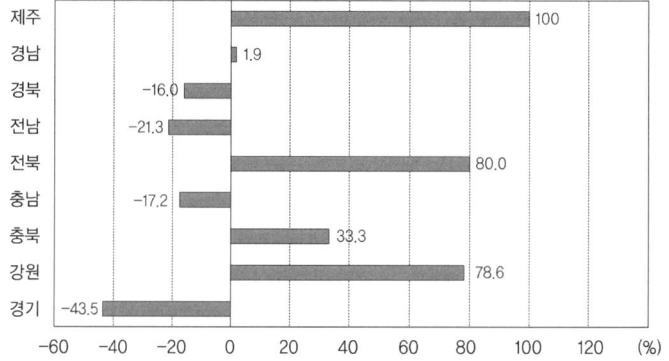

13 전년 대비 2022년 시설채소 온실 수가 부산광역시에서 20% 증가하고, 전라남도에서 5% 감소했다고 한다. 이때 2022년 부산광역시와 전라남도의 시설채소 온실 수를 바르게 짝지은 것은? (단, 소수점 첫째 자리에서 반올림한다.)

① 763개, 5,504개   ② 763개, 4,754개
③ 763개, 5,254개   ④ 509개, 4,754개
⑤ 700개, 4,754개

14 충주호 유람선은 10km 떨어져 있는 장회나루 선착장과 옥순봉을 왕복한다. 강을 거슬러 올라가는 데 걸리는 시간은 내려오는 데 걸리는 시간의 $\frac{5}{2}$ 배이고, 두 지점을 왕복하는 데 총 1시간 45분이 걸린다고 한다. 이때, 정지한 물에서의 유람선의 속력은? (단, 유람선과 강물의 속력은 일정하다.)

① 12km/h
② 13km/h
③ 14km/h
④ 15km/h
⑤ 16km/h

15 비커에 25%의 설탕물 600g이 있다. 몇 g의 물을 증발시켜야 40% 이상의 설탕물이 되는가?

① 210g
② 215g
③ 220g
④ 225g
⑤ 230g

16 다음 숫자들은 규칙을 가지고 배열되어 있다. 이때 ?에 들어갈 알맞은 숫자를 고르면?

	2			5			7	
3		11	4		21	7		?

① 48
② 50
③ 52
④ 54
⑤ 56

[17~18] 다음은 연도별 사상사고 현황에 대한 자료이다. 이를 보고 이어지는 물음에 답하시오.

연도별 여객사상사고 현황

(단위 : 건, 명)

구분	2016년	2018년	2020년	2022년
사고 건수	84	74	53	52
사망자 수	33	36	26	23
중상자 수	26	32	9	31
경상자 수	30	22	21	0

연도별 공중사상사고 현황

(단위 : 건, 명)

구분	2016년	2018년	2020년	2022년
사고 건수	101	62	48	23
사망자 수	79	50	39	21
중상자 수	18	13	10	2
경상자 수	4	0	2	0

연도별 직무사상사고 현황

(단위 : 건, 명)

구분	2016년	2018년	2020년	2022년
사고 건수	72	75	18	12
사망자 수	7	43	8	5
중상자 수	40	31	6	7
경상자 수	30	81	6	0

17 위 자료에 대한 설명으로 옳지 않은 것은?

① 공중사고 건수가 2년 전 대비 가장 많이 감소한 해의 사망자 수의 전년 대비 감소율은 40% 미만이다.

② 여객사고로 인한 중상자 수가 가장 많은 해에 발생한 직무사고로 인한 중상자 수의 전년 대비 감소 인원은 9명이다.

③ 2016년에 사고 건수가 가장 많았던 사고종류에서 발생한 2022년과 2018년의 사망자 수 차이는 29명이다.

④ 직무사고로 인한 중상자 수가 2년 전 대비 증가한 해에 일어난 여객사고로 인한 경상자 수는 20명 이하이다.

⑤ 직무사고로 인한 사망자 수가 가장 많은 해에 중상자 수와 경상자 수의 합은 120명을 넘는다.

18 여객사고로 인한 사망자, 중상자, 경상자 수의 합이 가장 많은 해에 공중사고로 인한 중상자 수의 2년 전 대비 감소율과, 직무사고로 인한 중상자 수의 2년 전 대비 감소율의 차이는 얼마인가? (단, 소수점 둘째 자리에서 반올림한다.)

① 4.3%p
② 4.7%p
③ 5.3%p
④ 5.8%p
⑤ 6.2%p

[19~20] 다음은 ○○대학교의 로스쿨 응시 인원과 합격자 수를 나타낸 표이다. 이를 보고 이어지는 물음에 답하시오.

(단위 : 명)

구분	응시자	1차 합격자	2차 합격자
법학부	1,354	765	354
자연과학부	756	435	246
어문학부	764	567	184
자유전공학부	866	640	116

19 위 표에 대한 설명으로 옳은 것을 〈보기〉에서 모두 고르면?

┌ 보기 ┌
ㄱ 2차 합격자는 전체 응시자의 30% 이하이다.
ㄴ 2차 합격자 수는 1차 합격자 수의 35% 이하이다.
ㄷ 전체 응시자 중 법학부 응시자 수가 가장 많다.
ㄹ 법학부의 2차 시험 합격률이 가장 높다.

① ㄱ, ㄷ ② ㄱ, ㄹ
③ ㄴ, ㄷ ④ ㄴ, ㄹ
⑤ ㄱ, ㄷ, ㄹ

20 자유전공학부의 1차 시험 합격률은? (단, 소수점 첫째 자리에서 반올림한다.)

① 73% ② 74%
③ 75% ④ 76%
⑤ 77%

21 다음은 한국농어촌공사의 재해예방계측사업 내용이다. 이를 보고 추론할 수 있는 내용으로 적절하지 않은 것은?

가. 목적
- 재해관련 법령 제정 및 국가적 관심 증대에 따른 주요 시설물의 사전 재해예방 중요성 대두
- 지진·제방붕괴 대비 수리시설물(저수지·방조제) 지진·누수·변위 계측을 통한 재해위험요소 조기 발견 및 비상대응조치·대책수립으로 시설물 안전성 확보

나. 근거법령
- 저수지·댐의 안전관리 및 재해예방에 관한 법 제6조 및 시행령 7조(안전관리기준)
- 농어촌정비법 제18조 및 시행령 26조(농업생산기반시설의 관리)
- 지진·화산재해대책법 제6조(주요시설물의 지진가속도 계측 등)

다. 사업시행자 : 한국농어촌공사

라. 사업재원 : 수리시설개보수사업비(설치), 유지관리사업비(유지관리)

마. 목표지구
- 지진가속도계측기 설치 : 저수지 74개소
- 누수계측기 설치 : 저수지 1,142개소, 방조제 75개소
- 제방변위계측기 설치 : 저수지 136개소

바. 사업(지원)대상
- 지진가속도계측기
  - 저수지 : 내진1등급(총저수량 2천만m³ 이상) 저수지 16개소
    내진2등급 저수지 중 총저수량 500백만m³ 이상 58개소
- 누수계측기
  - 저수지 : 1종 수리시설물, 총저수량 30만m³ 이상
  - 방조제 : 국가관리방조제 중 포용조수량 500만m³ 이상
- 제방변위계측기
  - 저수지 : 총저수용량 5~30만 톤 중 제방높이 14m 이상

---

① 이 사업의 재원은 설치와 유지관리가 따로 책정된다.
② 누수계측기는 1,200개 이상을 설치하는 것이 목표이다.
③ 지진가속도계측기는 내진1등급과 2등급인 저수지 중 총저수량이 큰 약 70개소에 설치한다.
④ 총저수량 30만m³ 이상인 저수지는 1,000개소 이상이 있다.
⑤ 총저수용량이 5만 톤 이상인 저수지 중 제방높이가 14m 이상인 곳은 136개소이다.

22 다음은 A기업의 성과급 지급 제도에 관한 자료이다. 이에 대한 설명으로 옳지 않은 것은?

□ 성과급 지급 구분

구분	성과내용	성과급	성과휴가
영업	영업성과 10% 상승	급여의 20%	4일
	영업성과 30% 상승	급여의 100%	5일
근속	1년 근속	급여의 10%	5일
	5년 근속	급여의 50%	10일
디자인어워드	디자인어워드 대상	급여의 100%	10일
	디자인어워드 입상	급여의 20%	5일
자기계발	독후감 대회 입상	급여의 30%	2일
	사진경연대회 입상	급여의 30%	2일

□ 성과급 및 성과휴가 지급 안내

성과급 지급	해당 월의 다음 달 임금 지급과 동시에 지급한다.
성과휴가 사용	한 번에 최대 3일 연속 사용할 수 있으며, 주말, 공휴일을 이어서 사용할 수 있다.
성과급 지급 기준 급여	해당 월 임금을 기준으로 한다.

※ 임금은 해당 월 15일에 지급한다.

① 월급 2,000,000원을 받는 사원 C가 5년 근속으로 인해 성과급을 받는다면 성과급으로 1,000,000원을 받을 것이다.

② 6월에 디자인어워드 대상을 받은 사원 B는 6월 15일에 급여의 100%에 해당하는 성과급을 받게 된다.

③ 월급 1,500,000원을 받는 사원 E가 영업성과 10% 상승에 대한 성과급을 받게 됐다면, 성과급으로 300,000원을 받게 된다.

④ 월급 1,500,000원을 받는 사원 D가 5월에 독후감 대회 입상으로 성과급을 받게 됐다면, 6월 15일에 총 1,950,000원을 받게 된다.

⑤ 영업성과 10% 상승에 대한 성과급과 성과휴가를 받은 사원 A가 5월 12일 금요일부터 성과휴가를 연속해 사용한다고 해도 5월 17일 수요일에는 출근해야 한다.

[23~24] 다음은 HTX텔레콤의 '봄맞이 우대고객 할인정책' 안내문이다. 이를 보고 이어지는 물음에 답하시오.

---

1. 음성 통화
(1) 정상요금 : 기본제공 통화 소진 이후 1초당 1원
(2) 할인금액은 등급별 다음과 같이 적용
- VIP : 1초당 30% 할인
- GOLD : 1초당 20% 할인
- SILVER : 1초당 10% 할인
- STARTER : 할인 제외
  ※ VIP가 전월 기본요금 기준 7만 원 이하의 요금제 사용 시 GOLD와 동일한 할인 적용

2. 데이터
봄맞이 행사로 다음과 같이 데이터를 주고받을 수 있다.
- VIP : 데이터 주기·받기 무제한 가능
- GOLD : 데이터 주기 월 5회 가능
- SILVER : 데이터 받기 월 3회 가능
- STARTER : 데이터 받기 무제한 가능
  ※ 데이터는 초과 1MB당 5원이 부과된다.
  ※ GOLD는 STARTER에게 월 1회만 데이터를 줄 수 있음(가입 개월이 3개월 이하인 경우 STARTER등급이 부여됨)

3. 문자
(1) 기본요금제를 초과하는 부분 발생 시 고객등급에 상관없이 건당 20% 할인
(2) 요금제별 문자요금
- 99~66요금제 : 500건 초과 시 건당 10원
- 55요금제 : 300건 초과 시 건당 15원
- 44요금제 : 200건 초과 시 건당 20원
- 33요금제 : 100건 초과 시 건당 30원
  ※ 해외사용분은 할인 제외

4. 멤버십 포인트
고객등급별로 다음과 같이 특별 포인트 제공
- VIP : 50,000원
- GOLD : 40,000원
- SILVER : 30,000원
- STARTER : 20,000원
  ※ 단, 가입기간이 9년 이상인 장기고객에게는 VIP 포인트 적용

5. TV쿠폰
VIP에게만 25,000원 상당의 영화쿠폰 제공(전월 기준 6만 원 이상 요금제에만 적용)

6. HTX텔레콤 기본요금제 안내
HTX텔레콤의 기본요금제는 33요금제부터 99요금제까지 있으며, 요금제별 기본요금은 33요금제 33,000원, 44요금제 44,000원 … 99요금제 99,000원으로 이루어진다.

23 위 할인정책을 적용한 사례로 옳지 않은 것은?

① 55요금제를 사용 중인 GOLD 등급의 김 씨가 기본제공 통화보다 30분을 초과하여 사용했을 경우 할인 적용되어 1,440원이 부과된다.

② 지난달에 신규 가입한 이 씨는 VIP 등급인 친구 A에게 데이터 무제한 받기가 가능하다.

③ SILVER 등급인 강 씨는 장기출장으로 중국 베이징에서 음성 10분, 데이터 50MB를 초과 사용하여 총 790원의 초과요금을 납부했다.

④ 55요금제를 계속 사용해 온 VIP 등급의 배 씨는 일본여행에서 음성 100초, 문자 20건을 초과 사용하였고, 봄맞이 할인정책을 적용받아 총 70원의 초과요금만을 납부했다.

⑤ HTX텔레콤을 10년 이상 사용 중이고 전월 8만 원의 요금을 납부한 GOLD등급의 최 씨는 데이터 주기 월 5회가 가능하며, 50,000원의 특별 포인트를 제공받는다.

24 다음 〈보기〉의 갑, 을, 병의 이번 달 부과요금 합계금액을 구하면?

> ┌ 보기 ┌
>
> 갑 : 저는 HTX텔레콤에 10년 전에 가입해서 현재까지 66요금제를 사용 중인 VIP인데, 이번 달에는 기본 통화보다 100분이나 더 초과해서 사용했어요.
>
> 을 : 저는 SILVER로 44요금제를 쓰는데 출장이 많다 보니 이번 달에 일본에서 문자 30건, 음성통화 100분을 각각 더 초과해서 사용했어요.
>
> 병 : 저는 영업직 업무를 하다 보니 늘 99요금제를 사용하고 VIP등급이에요. 이번 달에도 국내에서 문자를 600건이나 보냈어요.

① 218,900원   ② 219,880원

③ 220,600원   ④ 221,100원

⑤ 222,000원

[25~26] 다음은 ○○은행 신용카드에 대한 안내문이다. 이를 보고 이어지는 물음에 답하시오.

○○은행 신용카드

■ 연회비

국내전용 12,000원 / 국내외 겸용(마스터) 15,000원

■ 주요 서비스

온라인쇼핑 + 선택업종 7~20% 청구할인

(선택 가능 대상 업종 : 주유/이동통신/대형마트/의료/해외)

▶ 10~20% 청구할인 ◀	
온라인쇼핑	선택업종 A
1개 업종 선택 시	

▶ 7~15% 청구할인 ◀		
온라인쇼핑	선택업종 A	선택업종 B
3개 업종 선택 시		

※ 선택업종은 영업점, 고객상담센터, ○○은행 홈페이지(card.***.com)를 통해 매월 변경할 수 있으며, 변경 신청 접수 후 익월 1일부터 적용됩니다.

구분	업종		할인대상	선택기준
기본할인 대상업종	온라인쇼핑 (모바일쇼핑 포함)		• ○○은행 제휴마켓 • 오픈마켓 − 11번가/G마켓/옥션/인터파크 등 • 홈쇼핑(TV/전화 이용 건 포함) − 신세계몰/H몰/롯데몰 등 • 소셜커머스 − 티켓몬스터/쿠팡/위메프 등	변경 불가
선택할인 대상업종	Ⓐ	주유	○○은행 제휴 주유소/SK에너지/GS칼텍스/S-Oil/현대오일뱅크/알뜰주유소 등 모든 주유 서비스 ※ 충전소 제외	Ⓐ~Ⓔ 업종 중 1개 또는 2개 업종 선택 가능 단, Ⓐ 주유 업종 선택 시 2개 업종 선택 필수, Ⓔ 해외 업종은 국내전용 발급 시 선택 불가
	Ⓑ	이동통신	SK텔레콤/KT/LGU+ 본 카드로 자동납부 신청 후 결제된 건	
	Ⓒ	대형마트	하나로클럽(마트)/이마트/홈플러스/롯데마트	
	Ⓓ	의료	병원, 의원, 한의원, 약국	
	Ⓔ	해외	해외 온라인 및 해외 오프라인 가맹점 등 모든 해외 가맹점	

■ ○○은행 신용카드 월 할인한도

전월실적		50만 원 이상 100만 원 미만	100만 원 이상 150만 원 미만	150만 원 이상 200만 원 미만	200만 원 이상
할인율	1개 선택	10%	10%	20%	20%
	2개 선택	7%	7%	15%	15%
할인한도		10,000원	22,000원	35,000원	50,000원

25 위 안내문에 제시된 ○○은행 신용카드에 대한 내용으로 적절하지 않은 것은?

① 온라인쇼핑은 선택에서 변경이 불가하다.
② 연회비는 국내전용 1만 2천 원, 해외 겸용 1만 5천 원이다.
③ 선택업종은 본인의 선택에 따라 1개 또는 2개가 선택 가능하다.
④ 온라인쇼핑 + 주유할인의 2개 업종 선택은 불가하다.
⑤ 선택업종은 매월 변경 가능하며 즉시 적용된다.

26 다음은 ○○은행 신용카드 고객인 갑의 5월 카드사용 내역이다. 갑의 전월 카드실적이 125만 원이었다면, 혜택이 가장 큰 선택업종의 조합은?

갑의 ○○은행 신용카드 사용내역

날짜	매출처	금액
05.02.	○○은행 제휴마켓	70,000원
05.08.	신세계백화점	125,000원
05.11.	SK주유소	50,000원
05.14.	KT 통신료	35,000원
05.16.	위메프	30,000원
05.20.	최내과 의원	10,000원
05.21.	이마트	90,000원
05.24.	SK주유소	30,000원
05.28.	빛나리 안과의원	12,000원

① 온라인쇼핑 + 의료
② 온라인쇼핑 + 대형마트
③ 온라인쇼핑 + 주유 + 통신
④ 온라인쇼핑 + 주유 + 대형마트
⑤ 온라인쇼핑 + 의료 + 통신

[27~28] 다음은 □□기업의 성과급 지급 방법을 나타낸 자료이다. 이를 보고 이어지는 물음에 답하시오.

성과급 지급 안내

1. 성과급 지급에는 성과평가 결과를 연동한다.

2. 성과평가 기준
   - 직무이해도(가중치 0.5)
   - 직무참여도(가중치 0.4)
   - 서비스 만족도(가중치 0.1)
     → 예를 들어, 직무이해도·직무참여도·서비스 만족도 평가점수가 각각 10점, 5점, 8점일 때, 성과평가 점수는 $10 \times 0.5 + 5 \times 0.4 + 8 \times 0.1 = 7.8$점

3. 성과평가 결과를 활용한 성과급 지급 기준

성과평가 점수	성과평가 등급	분기별 성과급 지급액	비고
11.0 이상~12.0 미만	S	180만 원	성과평가 등급이 A이면 직전분기 차감액의 40%를 가산하여 지급
10.0 이상~11.0 미만	A	120만 원	
8.0 이상~10.0 미만	B	100만 원(15만 원 차감)	
6.0 이상~8.0 미만	C	90만 원(10만 원 차감)	
6.0 미만	D	50만 원(40만 원 차감)	

27 □□기업은 모든 부서에 대하여 동일한 기준으로 성과급을 지급한다. 회계팀 직원 갑에 대한 성과평가가 다음과 같다면, 갑에게 지급되는 성과급의 1년 총액은 얼마인가?

구분	1/4분기	2/4분기	3/4분기	4/4분기
직무이해도	4	8	12	9
직무참여도	7	7	9	6
서비스 만족도	4	7	9	6

① 350만 원
② 352만 원
③ 354만 원
④ 356만 원
⑤ 358만 원

28 2/4분기에 평가 등급이 S였던 을, B였던 병, C였던 정이 3/4분기에서는 모두 A등급을 받았다. 이 세 명의 3/4분기 성과급 지급액을 모두 더한 금액은?

① 360만 원
② 370만 원
③ 380만 원
④ 385만 원
⑤ 390만 원

29 甲초등학교 운동회에서 A~E가 달리기를 한 후 다음과 같은 대화를 나누었다. 이때 달리기에서 1등을 한 사람은?

> A: 나는 1등 아니면 5등이야.
> B: 나는 중간에 C와 D를 제친 후, 누구에게도 추월당하지 않았어.
> C: 나보다 앞서 달린 적이 있는 사람은 B와 D뿐이야.
> D: 나는 C에게 따라잡힌 적이 없어.
> E: 우리 중 같은 등수는 없네.

① A   ② B
③ C   ④ D
⑤ D

30 다음 ㉠~㉤의 진술이 참일 때, 반드시 참인 것은?

> ㉠ 만화가는 모두 그림을 그린다.
> ㉡ 컴퓨터로 그림을 그린다고 모두 직업이 만화가인 것은 아니다.
> ㉢ 화가는 반드시 종이를 이용해서 일을 한다.
> ㉣ 종이가 필요 없이 그림을 그리는 직업이 있다.
> ㉤ 종이로 하는 일에는 그림을 그리는 것과 글을 쓰는 것이 있다.

① 모든 만화가는 컴퓨터로만 그림을 그린다.
② 모든 화가는 그림을 그린다.
③ 그림을 그리는 직업은 종이를 써야만 한다.
④ 컴퓨터로 그림을 그리는 직업은 2개 이상이다.
⑤ 만화가는 종이와 컴퓨터를 이용한 그림 그리기 방식을 활용한다.

[31～32] 다음은 어느 가구회사의 비품코드 가이드라인이다. 이를 보고 이어지는 물음에 답하시오.

비품코드는 총 8자리이며 각 자리의 코드는 두 자리씩 다음과 같은 의미를 가진다.

• 첫 두 자리는 비품의 구입 연도를 나타낸다.

구입연도	18	19	20	21	22	23
연도	2018년	2019년	2020년	2021년	2022년	2023년

• 다음 두 자리는 비품의 종류를 나타내는 알파벳으로 되어 있다.

비품종류 코드	CH	DS	SF	TB
비품	의자	책상	소파	테이블

• 그 다음 두 자리는 비품의 색상을 나타낸다. 기본 색상이면 0-, 진한 색상이면 1-, 연한 색상이면 2-로 표기하며, 색상 기준에 없는 색은 00으로 표기한다. 예를 들어 진한 빨강이면 14로 표기한다.

색상 코드	01	02	03	04	05	06	07	08	09
색상	하양	검정	아이보리	빨강	노랑	초록	파랑	보라	갈색

• 마지막 두 자리는 비품의 크기를 나타낸다.

크기 코드	11	22	33	44	55	66	99
크기	1인용	2인용	3인용	4인용	5인용	6인용	유아용

31 위 내용을 참고했을 때, 2020년에 구입한 연한 보라색 유아용 책상의 비품코드는?

① 20DS0899 ② 20CH2899
③ 20DS2899 ④ 20DS1811
⑤ 20DS1811

32 다음 중 비품과 비품코드가 바르게 연결되지 않은 것은?

① 18DS1799 : 2018년 구입, 진한 파랑색 유아용 책상
② 19TB0322 : 2019년 구입, 아이보리색 2인용 테이블
③ 22SF2311 : 2022년 구입, 연한 아이보리색 1인용 소파
④ 21SF1622 : 2021년 구입, 진한 초록색 3인용 소파
⑤ 23CH0111 : 2023년 구입, 1인용 흰색 의자

[33~35] 다음은 한글 2012 버전의 문서 작성 화면이다. 이를 보고 이어지는 물음에 답하시오.

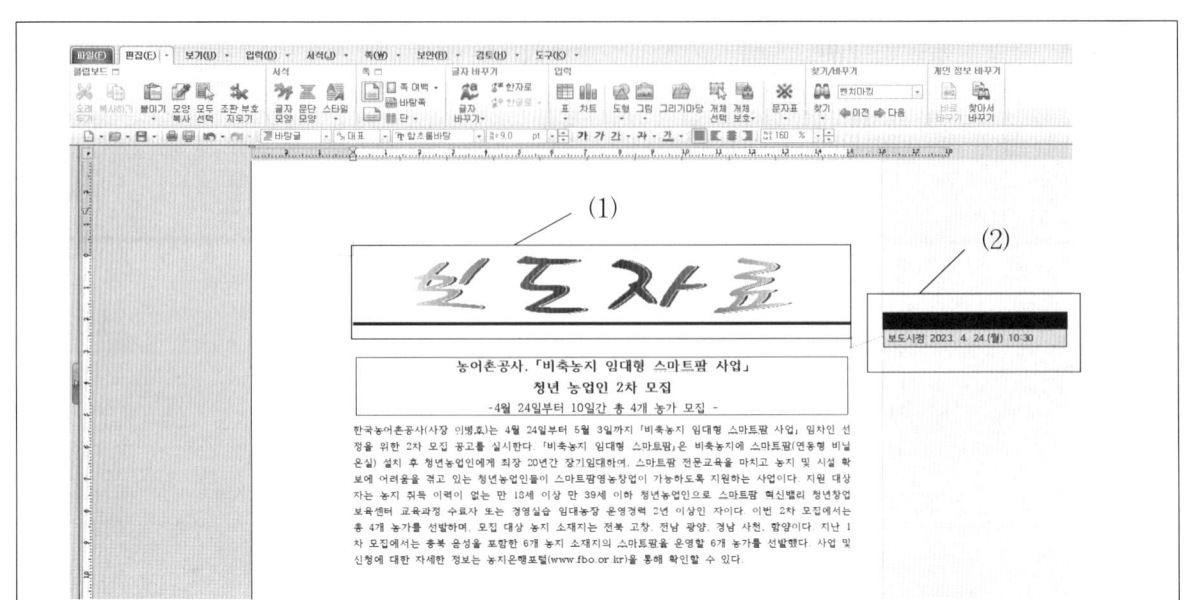

33 다음 중 (1)에 사용된 개체의 명칭으로 옳게 짝지어진 것은?

① 머리말, 문단 띠 ② 글맵시, OLE 개체
③ 글맵시, 문단 띠 ④ 머리말, OLE 개체
⑤ 글맵시, 밑줄

34 다음 중 해당 문서에 암호를 설정하는 순서로 옳은 것은?

① 상단 파일 탭 − 문서 암호 설정 − 문서 암호 설정 창에 암호 입력 후 설정 − 저장
② 보안 탭 − 보안 문서로 저장 − 문서 암호 설정 − 문서 암호 설정 창에 암호 입력 후 설정 − 저장
③ 상단 파일 탭 − 문서 정보 − 문서 암호 설정 − 문서 암호 설정 창에 암호 입력 후 설정 − 저장
④ 상단 파일 탭 − 다른 이름으로 저장하기 − 문서 암호 설정 − 문서 암호 설정 창에 암호 입력 후 설정 − 저장
⑤ 보안 탭 − 개인 정보 보호하기 − 문서 암호 설정 − 문서 암호 설정 창에 암호 입력 후 설정 − 저장

35 (2)의 메모를 (1)의 글맵시 부분에 적용하려고 한다. 이때 글맵시에 메모를 삽입하는 순서로 옳은 것은?

① 글맵시 선택 − 개체 속성 − 기본에서 글자처럼 취급 선택 후 설정 − <F3>으로 글맵시 블록 설정 − 입력 − 메모 − 메모 넣기
② 메모 복사 − <F3>으로 글맵시 블록 설정 − 메모 붙이기
③ 글맵시 선택 − 개체 속성 − 기본에서 글자처럼 취급 선택 후 설정 − 메모 복사 − <F3>으로 글맵시 블록 설정 − 메모 붙이기
④ 글맵시 선택 − 개체 보호하기 − <F3>으로 글맵시 블록 설정 − 입력 − 메모 − 메모 넣기
⑤ 글맵시 선택 − 개체 보호하기 − 메모 복사 − <F3>으로 글맵시 블록 설정 − 메모 붙이기

[36~40] 다음은 엑셀 2021 버전의 문서 작성 화면이다. 이를 보고 이어지는 물음에 답하시오.

	A	B	C	D	E	F
1	[표1]	○○사 입사자 명단				
2	사원명	입사일	근속수당			
3	김민지	2006-10-21				
4	정윤아	2008-05-06				
5	이준호	2021-04-15				
6	강미선	2012-07-15				
7	최민혁	2017-06-10				
8	문현미	2009-08-30				
9	안효섭	2002-01-17				
10						
11	[표2]	상반기 승진자 직급별 급여 현황				단위: 원
12	성명	근무팀	직급	기본급	식대	총급여
13	이진아	영업팀	대리	6500000	100000	6600000
14	김태준	총무팀	과장	7250000	100000	7350000
15	노은지	기획팀	주임	5260000	100000	5360000
16	홍가을	기획팀	사원	4720000	100000	4820000
17	이승철	재무팀	사원	4510000	100000	4610000
18	박순영	물류관리팀	주임	5680000	100000	5780000
19	박정현	영업팀	차장	8200000	100000	8300000
20	김영진	법무팀	대리	6940000	100000	7040000
21	김윤희	물류관리팀	대리	6710000	100000	6810000
22	백홍준	재무팀	사원	4510000	100000	4610000
23	신승훈	총무팀	주임	5070000	100000	5170000
24	이용민	법무팀	사원	4990000	100000	5090000
25	이재현	기획팀	대리	6620000	100000	6720000

36 위 [표1]에서 근속수당을 구하려 한다. 근속년수가 10년 이상이면 3,000,000원을 주고, 10년 미만이면 1,000,000원을 준다고 할 때, [C3]셀에 들어갈 함수로 옳은 것은? (단, 근속년수는 2023년에서 입사일의 연도를 뺀 값이다.)

① =IF(YEAR(B3)-YEAR(TODAY())<10,1000000,3000000)

② =IF(YEAR(TODAY())-YEAR(B3)<=10,3000000,1000000)

③ =IF(YEAR(B3)-YEAR(TODAY())>10,3000000,1000000)

④ =IF(YEAR(TODAY())-YEAR(B3)>=10,3000000,1000000)

⑤ =IF(YEAR(TODAY())-YEAR(B3)>=10,1000000,3000000)

37 위 [표2]의 [D12:F25] 영역에 셀 잠금과 수식 숨기기를 적용한 후 셀의 내용과 시트를 보호하려 한다. 이때 〈보기〉를 보고 순서를 바르게 짝지은 것은?

┌─ 보기 ───┐
ㄱ 임의의 셀 선택하여 블록 해제
ㄴ 보호 탭
ㄷ [D12:F25] 영역 블록 설정
ㄹ 〈Ctrl+1〉을 눌러 '셀 서식' 대화상자 열기
ㅁ 검토 탭
ㅂ '잠긴 셀 선택'과 '잠금 해제된 셀 선택'을 한 후 확인
ㅅ 잠금과 숨김 선택 후 확인
ㅇ 시트 보호
└──┘

① ㄷ - ㄹ - ㄴ - ㅅ - ㄱ - ㅁ - ㅇ - ㅂ
② ㄷ - ㄹ - ㅁ - ㅅ - ㄴ - ㅇ - ㅂ - ㄱ
③ ㄷ - ㄹ - ㄴ - ㅅ - ㄱ - ㅇ - ㅁ - ㅂ
④ ㄷ - ㄹ - ㅁ - ㅅ - ㄱ - ㄴ - ㅇ - ㅂ
⑤ ㄷ - ㄹ - ㄴ - ㅅ - ㅁ - ㅇ - ㅂ - ㄱ

38 위 [표2]에 직급이 대리이거나 총 급여가 700만 원 이상인 행 전체에 대해 글꼴 스타일은 '굵게', 밑줄은 실선을 적용하려 한다. 이때 적용 방법에 대한 설명으로 옳지 않은 것은?

① [A13:F25]를 블록 설정한 후 홈에서 조건부 서식을 누르고 새 규칙을 만들어야 한다.
② 새 규칙에서 '수식을 사용하여 서식을 지정할 셀 결정'을 선택한다.
③ 다음 수식이 참인 값의 서식 지정에 '=OR($C13="대리",$F13>=7000000)'을 입력한다.
④ 셀 서식에서 표시 형식 탭에 들어가 글꼴 스타일은 '굵게', 밑줄은 '실선'을 적용해준다.
⑤ 조건이나 서식을 잘못 지정한 경우 홈에서 조건부 서식을 누르고 규칙 관리에 들어가 수정한다.

www.pmg.co.kr

39 다음 그림과 같이 [표1]에 고급 필터를 적용하여 사원명이 정으로 시작하면서 근속수당이 300만 원 이상인 사람을 찾았다. 이때 고급필터 적용 과정에 대한 설명으로 옳지 않은 것은?

	A	B	C	D	E	F	G
1	[표1]	○○사 입사자 명단					
2	사원명	입사일	근속수당		사원명	근속수당	
3	김민지	2006-10-21	3000000		정*	3000000	
4	정윤아	2008-05-06	3000000				
5	이준호	2021-04-15	1000000		사원명	입사일	근속수당
6	강미선	2012-07-15	3000000		정윤아	2008-05-06	3000000
7	최민혁	2017-06-10	1000000				
8	문현미	2009-08-30	3000000				
9	안효섭	2002-01-17	3000000				

① [A2:C9] 영역 안에 셀 포인트를 두고 데이터에서 고급을 클릭해준다.
② '현재 위치에 필터'를 선택한 후 목록 범위, 조건 범위, 복사 위치를 지정해준다.
③ 목록 범위는 [A2:C9] 영역을 지정해준다.
④ 조건 범위는 [E2:F3] 영역을 지정해준다.
⑤ 복사 위치는 [E5:G5] 영역을 지정해준다.

40 위 [표2]에 다음과 같은 데이터를 추가하여 총 급여를 구하려 할 때, [F13] 셀에 들어갈 함수로 옳은 것은? (단, 상여금은 기본급×상여비율이다.)

	A	B	C	D	E	F	G	H	I
11	[표2]	상반기 승진자 직급별 급여 현황						<상여지급율표>	
12	성명	근무팀	직급	기본급	인사고과	총 급여		인사고과	상여비율
13	이진아	영업팀	대리	6500000	2			1	2%
14	김태준	총무팀	과장	7250000	3			5	5%
15	노은지	기획팀	주임	5260000	6			10	10%
16	홍가을	기획팀	사원	4720000	1				
17	이승철	재무팀	사원	4510000	10				
18	박순영	물류관리팀	주임	5680000	7				
19	박정현	영업팀	차장	8200000	8				
20	김영진	법무팀	대리	6940000	10				
21	김윤희	물류관리팀	대리	6710000	3				
22	백홍준	재무팀	사원	4510000	4				
23	신승훈	총무팀	주임	5070000	9				
24	이용민	법무팀	사원	4990000	5				
25	이재현	기획팀	대리	6620000	7				

① =D13+D13*(VLOOKUP(E13,$H$13:$I$15,1))
② =D13+D13(HLOOKUP(E13,$H$13:$I$15,1))
③ =D13+D13*(HLOOKUP(E13,$H$13:$I$15,2))
④ =D13+D13(VLOOKUP(E13,$H$13:$I$15,1))
⑤ =D13+D13*(VLOOKUP(E13,$H$13:$I$15,2))

[41~50번]

※ 경상, 법정, 농학, 전산 등의 분야 지원자는 〈자원관리능력〉을, 토목일반, 조경, 도시계획, 기계, 전기, 건축, 지질, 환경 등의 분야 지원자는 〈기술능력〉을 풀기 바랍니다.

자원관리능력

[41~42] ○○공사는 사업장의 오염도 측정을 대행하는 대행업체를 선정하려고 한다. 다음 선정 관련 자료를 보고, 이어지는 물음에 답하시오.

대행업체 선정 공고를 보고 5개 업체가 지원했으며, 업체별 평가는 다음과 같다.

구분	준비성	숙련도	과정 적합도	위험 대처능력	결과 정확성
갑	C	C	B	B	A
을	A	C	A	C	B
병	C	A	C	B	A
정	A	B	D	B	D
무	B	B	A	B	B

- A등급은 10점이고 B, C, D로 등급이 내려갈수록 2점씩 감점된다.
- D등급을 2개 이상 받은 업체는 선정에서 제외한다.
- 평가 항목별 점수의 총점이 가장 높은 업체를 선정한다.
- 총점이 같은 경우, 결과 정확성 점수가 높은 업체, A등급이 많은 업체 순으로 선정 업체를 정한다.

41 ○○공사가 대행업체로 선정할 곳은?

① 갑
② 을
③ 병
④ 정
⑤ 무

42 ○○공사는 평가 항목별 가중치를 다음과 같이 적용해 점수를 다시 매겨 총점이 가장 높은 업체를 선정하기로 했다. 이때 선정되는 대행업체는? (단, 다른 조건은 위와 동일하게 적용한다.)

준비성	숙련도	과정 적합도	위험 대처능력	결과 정확성
10%	10%	20%	20%	40%

① 갑
② 을
③ 병
④ 정
⑤ 무

[43~44] ○○공사 총무팀 김 대리는 ××회관 시설을 대여하여 직원들에 대한 교육을 진행하려고 한다. ××회관 시설 사용 정보와 김 대리가 계획한 교육일정이 다음과 같을 때, 이어지는 물음에 답하시오.

××회관 시설 사용료 정보

이용 항목	비용	비고
3층 대강당	기본시간 450,000원 초과시간 35,000원	• 기본시간 : 2시간 초과시간 : 30분당 • 토요일·일요일·공휴일 이용 시 10% 가산됨 (식사는 회관 구내 식당에서 제공되며, 주말이나 공휴일에 부과되는 가산금액이 따로 없음)
2층 소강당	기본시간 250,000원 초과시간 20,000원	
2층 소회의실	기본시간 200,000원 초과시간 15,000원	
1층 강의실	기본시간 150,000원 초과시간 12,000원	
식사(식당)	50인 미만 1식 7,000원 50인 이상 1식 5,500원	

××회관 부가시설 사용료

구분		사용료	비고
현수막 설치		50,000원	1개 기준
음향시설 사용		120,000원	1일 기준
냉·난방비	대강당	50,000원	1일 기준
	소강당, 소회의실, 강의실	30,000원	

43 김 대리가 다음과 같이 교육일정 계획을 완성했다. 이에 따라 ××회관에 지불해야 할 대관료와 사용료를 계산하면 얼마인가?

교육 일정	장소	교육인원	교육 내용	비고
2024.6.20. (목) 오후 1시~6시	2층 소회의실	22명	• 신입사원을 대상으로 한 교육 • 공사 관련 기본 소양 교육 실시 후 외부강사 강연 있음	• 교육 전 중식 제공 • 현수막 설치(1개) • 음향시설 사용
2024.6.21. (금) 오후 2시~5시	3층 대강당	85명	사원~부장급 직원을 대상으로 한 상반기 공사 기본교육 진행	• 교육 전 중식 제공 • 음향시설 사용

※ 두 번의 교육일정 시 모두 냉방시설을 사용할 예정임

① 1,380,000원
② 1,532,500원
③ 1,622,000원
④ 1,801,500원
⑤ 2,020,500원

44 김 대리가 위 43번 문제와 같이 교육일정을 계획하여 보고하였는데, 〈보기〉와 같은 수정 지시를 받았다. 이에 따라 ××회관에 지불해야 할 대관료와 사용료를 다시 계산하면 얼마인가?

┌─ 보기 ┌
신입사원 대상 교육은 입사한 지 2년 미만의 사원들까지 포함해서 교육하면 좋겠네요. 그럼 모두 합해 인원이 딱 50명이 되네요. 시간대는 중식 후 1시부터 5시까지로 시간을 줄여서 좀 타이트하게 진행하는 게 좋겠어요. 그리고, 부장급 이하 직원들 교육은 날짜를 다음날인 22일 토요일에 진행하는 게 좋겠다는 이사님 지시가 있었어요. 시간이나 인원 등 다른 사항은 변경 없이 그대로 진행하시고요.

① 1,780,000원
② 1,944,500원
③ 2,120,500원
④ 2,200,500원
⑤ 2,345,000원

[45~46] 다음은 ○○휴양림 요금규정에 관한 내용이다. 이를 보고 이어지는 물음에 답하시오.

○○휴양림 요금규정

◎ 휴양림 입장료

구분	요금(원)	입장료 면제 및 할인
어른	12,000	• 입장료 면제 : 동절기(12월 ~ 3월), 다자녀 가정, 숙박시설 이용 고객 (야영시설은 제외)
청소년	7,000	
어린이	2,500	• 입장료 할인 : ○○군 주민은 제시된 입장료에서 50% 할인

※ 다자녀 가정 : 만 19세 미만의 자녀가 3인 이상 있는 가족
※ 청소년 : 만 13세 이상 ~ 만 19세 미만, 어린이 : 만 13세 미만

◎ 숙박시설 이용료(시설당 1박 기준)

구분		요금(원)	
		성수기(7 ~ 8월)	비수기(그 외 기간)
야영시설 (10인 이내)	황토데크(개)	15,000	10,000
	캐빈(동)	40,000	25,000
숲속의 집	4인실(동)	55,000	35,000
	6인실(동)	85,000	60,000
	8인실(동)	95,000	75,000

※ 숙박시설은 제시된 이용인원을 초과하여 사용할 수 없음
※ 일행 중 '장애인'이 있거나 '다자녀 가정'인 경우 비수기에 한해 숙박시설 요금의 20%가 할인됨
※ 일행 중 '○○군 주민'이 있는 경우 비수기에 한해 숙박시설 요금의 40%가 할인됨(다른 할인과 중복할인은 불가)
※ 무료주차는 야영시설의 경우 1대만 가능(개당, 동당)하며, 숲속의 집은 4·6인실은 1대, 8인실은 2대까지 가능

45 〈보기〉의 A ~ D 중 1박 기준 지불해야 하는 금액이 큰 순서대로 배열한 것은?

┌ 보기 ┐

A : ○○군 주민인 장애인 1명을 포함한 성인 7명이 5월 숲속의 집 1동을 이용하는 경우
B : 어른 4명, 청소년 2명, 어린이 2명의 다자녀 가정이 7월 숲속의 집 1동을 이용하는 경우
C : ○○군 주민인 어른 7명이 8월에 캐빈 1동을 이용하는 경우
D : 어른 5명과 청소년 2명이 10월에 숲속의 집 1동을 이용하는 경우

① B − D − A − C
② B − D − C − A
③ D − A − B − C
④ D − B − C − A
⑤ A − D − B − C

46 ○○휴양림 직원 갑이 위 규정을 토대로 문의에 답할 때, 그 답변 내용으로 옳지 않은 것은?

① Q : 10세 이하 자녀 3명이 있는 가족입니다. 부모와 아이 총 5명 가족의 휴양림 입장료는 어떻게
되나요?

   A : 어른 12,000원, 어린이 2,500원인데, 다자녀 가정에 해당되어 입장료가 면제됩니다.

② Q : ○○군 주민과 타 지역 사람 2명이 함께 방문하려고 하는데, 3명 모두 입장료 할인이 되나요?

   A : ○○군 주민에 한해 입장료 50% 할인을 받으실 수 있고, 나머지 두 분은 입장료를 내셔야 합
니다.

③ Q : 8월 첫째 주 주말에 숲속의 집 6인실 1동을 예약하려 합니다. 일행 중 ○○군 주민이 있는데,
얼마나 할인받을 수 있나요?

   A : 일행 중 ○○군 주민 있는 경우 비수기에 한해 숙박시설 요금의 40%를 할인받으실 수 있습니
다. 다만, 이는 비수기에만 적용되므로 성수기인 8월 이용 시 할인을 받으실 수 없습니다.

④ Q : 10월 마지막 주에 캐빈 1동을 예약하려 합니다. 9명이 이용할 건데 가능한가요? 그리고 일행
중 장애인이 2명 있는데 그렇게 되면 얼마나 할인받을 수 있나요?

   A : 캐빈은 10인 이내 이용 가능합니다. 그리고 일행 중 장애인이 있는 경우 20% 할인을 받으실
수 있어 요금은 32,000원입니다.

⑤ Q : 숲속의 집 4인실 1동과 6인실 1동을 예약했습니다. 총 2대의 승용차를 이용하려고 하는데, 주
차가 가능한가요?

   A : 네, 4인실, 6인실 각 1대씩 무료주차가 가능합니다.

[47~48] 다음 자료는 종합편성채널 설립 및 운영에 관한 규정 중 일부를 발췌한 것이다. 이를 보고 이어지는 물음에 답하시오.

제○○조[종합편성채널 설립 기준 등]

① 종합편성채널을 설립하고자 하는 자(이하 "설립주체"라 한다)는 다음 각 호의 기준을 갖추어 문화체육부 장관에게 종합편성채널의 인가를 신청하여야 한다.

1. 제2항에 따른 방송녹화 장비 및 제4항에 따른 방송녹화 부지를 확보할 것
2. 제5항에 따른 방송인(방송예술진흥법 제57조 제7항에 따른 방송인을 말한다. 이하 같다)의 3분의 1 이상을 확보할 것. 이 경우 나머지 방송인은 방송 프로그램 수에 따라 순차적으로 확보하되, 인가 5년 이내에 모두 확보하여야 한다.

② 방송 녹화 장비는 카메라, 오디오, 라디오, 부속시설을 말하며 각종 장비의 확보기준은 다음 각 호와 같다.

1. 카메라 : 채널에 편성되어 있는 프로그램 수의 5배 이상으로 할 것
2. 오디오 : 제3항에 따라 확보한 오디오 수에 따라 갖출 것
3. 라디오 : 방송예술진흥법 제4조에 따른 방송 헌장에 따른다.

③ 오디오 수는 [별표 2]에 의한 방송인 수 1인당 필요 장비 수에 장르별 방송인 수를 곱하여 합산한 장비 수 이상으로 한다. (단, 각 장르당 오디오는 최대 200개로 한다.)

④ 설립주체는 [별표 3]에 따라 적절한 방송녹화 부지를 확보하여야 한다. 다만 다음 각 호의 경우는 녹화 부지를 갖춘 것으로 본다.

1. 녹화 방송이 없는 경우
2. 라디오 방송이 없는 경우

⑤ 설립주체는 인가년도를 기준으로 한 장르별 스태프 정원을 [별표 4]에 따른 방송인 1인당 필요 스태프 수로 나눈 수 만큼 확보하여야 한다. (단, 어느 장르든 최소 10명의 방송인이 존재한다.)

[별표 1] 방송인 증원에 따른 추가 방송녹화 장비 수

방송인 증원 범위	추가 방송녹화 장비 수
30명 이내	5 ~ 12개
60명 이내	13 ~ 23개
100명 이내	24 ~ 32개

[별표 2] 필요 오디오 장비 수(제3항 관련)

장르별	예능	드라마	영화	애니메이션	교육
방송인 수 1인당 필요 장비 수	15개	4개	24개	7개	2개

[별표 3] 녹화 부지 기준 면적(제4항 관련)

방송인 정원	100명 이하	100명 초과 200명 이하	200명 초과 300명 이하	300명 초과 400명 이하	400명 초과
면적	500m²	800m²	900m²	1,000m²	1,200m²

[별표 4] 스태프 정원 기준(제5항 관련)

장르별	예능	드라마	영화	애니메이션	교육
방송인 1인당 필요 스태프 수	10명	6명	9명	4명	5명

47 위 규정의 내용으로 보아 옳은 것은?

① 설립주체는 반드시 방송녹화 부지를 갖추어야 한다.

② 방송인을 45명 증원하고자 할 때 녹화 장비는 24개 증가할 수 있다.

③ 영화 장르에 10명의 방송인이 종사하고 있다면 오디오 장비는 240개가 필요하다.

④ 드라마 장르와 예능 장르에 27명의 방송인이 종사하고 있을 때 가능한 최대 스태프 수와 최소 스태프 수의 차이는 28명이다.

⑤ 교육 장르에 12명의 방송인이 종사하고 있고, 드라마 장르에 10명, 애니메이션 장르에 10명이 종사하고 있다면 필요 오디오의 수는 185개다.

48 위 규정을 바탕으로 〈보기〉와 같이 종합편성채널을 설립하려고 할 때, 필요한 오디오 장비 수와 스태프 정원 기준 수의 합은?

> ┌ 보기 ┌
>
> 각 장르별로 예능 장르는 14명, 드라마 장르는 15명, 영화 장르는 10명, 애니메이션 장르는 12명, 교육 장르는 47명의 방송인이 종사하고 있다.

① 1,134   ② 1,142

③ 1,172   ④ 1,204

⑤ 1,241

[49~50] 한국농어촌공사의 김 과장과 윤 주임은 2박 3일 동안 부산으로 출장을 다녀왔다. 두 직원의 출장기간 지출내역이 다음과 같을 때, 이어지는 물음에 답하시오.

출장기간 지출내역

구분	지출목록	금액
9월 23일	점식식대	24,000원
	톨게이트비	5,800원
	주유비	60,000원
	톨게이트비	6,500원
	숙박비(2박 3일)	260,000원
	저녁식대	18,000원
9월 24일	아침식대	16,000원
	접대비	120,000원
	주차비	8,500원
	점심식대	16,500원
	주차비	2,500원
	저녁식대	26,000원
9월 25일	아침식대	16,000원
	주유비	80,000원
	톨게이트비	6,000원
	점심 식대	20,000원
	톨게이트비	5,800원

49 김 과장과 윤 주임의 출장기간 지출내역에 관한 설명으로 옳지 않은 것은?

① 9월 24일 결제 건수는 총 6건이다.
② 숙박비는 총 260,000원이다.
③ 9월 24일과 25일에 지출한 비용은 각각 20만 원 미만이다.
④ 톨게이트비는 총 22,100원이다.
⑤ 2박 3일 동안 점심식대는 저녁식대보다 16,500원 더 지출하였다.

50 김 과장과 윤 주임이 지급받게 되는 출장비용의 합은? (숙박비는 과장급 이하 직원 모두 1박당 1인 8만 원을 일괄지급받고, 나머지는 실비로 지급받게 된다.)

① 590,200원
② 630,400원
③ 680,200원
④ 730,300원
⑤ 751,600원

기술능력

[41~43] △△공사 총무팀 C사원은 공기청정기를 설치하기 위해 제품 설명서를 참고하였다. 다음 공기청정기 사용 설명서를 보고 이어지는 물음에 답하시오.

사용 전 확인 사항

◎ 참고 사항

- 필터를 끼우지 않고 공기청정기를 사용하면 청정 효과가 떨어집니다.
- 구입 초기에는 약간의 새 필터 냄새가 날 수 있습니다. 하루 이상 사용하면 자연적으로 없어지니 안심하고 사용하세요.
- 제품 작동 시 창문이나 문은 가능한 한 닫아 주세요. 다만 주기적으로 환기하여 이산화탄소 농도가 올라가는 것을 방지해 주세요. 환기와 함께 공기청정기를 사용하시면 필터에 밴 냄새도 줄어듭니다.
- 필터는 사용하는 환경에 따라 청소 및 교체 시기가 달라질 수 있습니다.

◎ 일체형 필터

- 일체형 필터 사용 시 반드시 필터의 비닐을 제거하고 사용해 주세요.
- 일체형 필터가 장착되지 않으면 사용 시 바람 소리가 크게 들릴 수 있습니다. 사용 시 일체형 필터의 장착 여부를 확인해 주세요.
- 실내에 심한 냄새가 발생한 경우에는 먼저 환기를 시켜 주시고, 공기청정기는 부가기능으로 환기 후 남은 냄새를 한 번 더 제거하는 용도로 사용하시면 공기청정기의 성능을 높게 유지할 수 있습니다.
- 냄새가 나는 음식을 조리할 때도 마찬가지로 먼저 환기를 시켜 주시고, 공기청정기는 부가기능으로 사용해 주세요. 조리와 동시에 공기청정기를 사용하게 되면 탈취 필터의 수명이 급격하게 짧아질 뿐만 아니라, 탈취 필터에 냄새가 배어서 오히려 냄새가 날 수도 있습니다.
- 필터 교체 알림 등은 제품의 최대 가동 시간을 고려해서 점등됩니다. 따라서 필터 교체 주기는 사용 환경에 따라 달라질 수 있습니다.
- 일체형 필터는 6개월에서 최대 1년까지 사용하실 수 있습니다.(기준: 1일 24시간 사용할 경우) 일체형 필터의 수명 차이는 공기 오염도의 차이 때문이며, 먼지가 많을수록 필터에 먼지가 많이 쌓이게 되므로 필터 수명이 단축됩니다.
- 일체형 필터는 물에 닿으면 안 됩니다. 따라서 물로 씻지 말아야 하며, 제품 사용 시에도 일체형 필터에 물이 닿지 않도록 주의해 주세요.
- 교체 시기에 도달하면 필터 교체 알림등에 불이 들어오므로, 교체 시기임을 알 수 있습니다. 단, 바람 세기가 급격히 약해지거나 필터 오염이 심하여 냄새가 날 때에는 필터 교체 알림이 나타나기 전이라도 새 필터로 교체해 주세요.
- 주변 냄새가 일체형 필터에 배어 공기청정기 가동 시 냄새가 날 경우, 일체형 필터의 교체 시기가 된 것이니 필터를 새 것으로 교체해 주세요. 무상 보증 기간이어도 필터 교체는 유상 청구됩니다.
- 교체용 필터는 서비스 센터 및 구입처에서 구매할 수 있습니다.

청소 및 건조하기

◎ 외관 청소하기

- 부드러운 헝겊을 미지근한 물에 적신 후 공기청정기를 닦아 주세요.

◎ 극세 필터 청소하기

- 극세 필터는 매우 촘촘한 먼지 거름 필터로 일반 필터보다 먼지 제거능력이 1.6배 좋습니다. 물청소가 가능한 반영구적인 필터이지만, 자주 청소를 해주지 않으면 세균 번식의 위험이 있으므로 주기적으로 꼭 청소해야 합니다. 청소기나 부드러운 솔로 큰 먼지를 먼저 제거한 후 중성세제를 미온수에 풀어 청소해 주세요.
- 극세 필터 세척 시 솔 등으로 마찰하면 극세사 부분이 손상될 수 있습니다.

◎ 필터 건조하기

- 직사광선을 피해 그늘에서 충분히 건조해 주세요.

제품 이상 시 확인 사항

◎ 작동이 안돼요.

• 전기가 들어오는지 확인 후에 다시 공기청정기를 켜 보세요.

• 전압이 220V가 맞는지 한국전력공사에 확인해 보세요. 전압이 너무 낮다면 작동이 되지 않을 수 있습니다.

• 전원 플러그가 꽂혀 있는지 확인 후에 다시 공기청정기를 켜 보세요. 그래도 작동되지 않을 때에는 다른 전원 콘센트를 사용해 보세요.

• 판넬이 열려 있는지 확인 후에 잘 닫아 주세요.

◎ 이상한 소리가 나요.

• 작동 중에 제품을 이동시키면 소음이 날 수 있으므로 이동 시에는 전원을 꺼 주세요.

• 작동 중에는 센서 작동음이 발생할 수 있습니다. 정상적인 소음이니 안심하세요.

◎ 이상한 냄새가 나요.

• 제품 구입 후 초기에 나는 냄새라면 자연스러운 현상입니다. 제품 동작 후 1~2주 후 냄새가 없어집니다. 인체에 해가 없으니 안심하고 사용하세요.

• 극세 필터를 확인하고, 더러울 경우 청소해 주세요.

• 냄새가 날 때 일체형 필터의 교체 시기가 된 것이니 필터를 새 필터로 교체해 주세요. 무상 보증기간이어도 필터 교체는 유상 청구됩니다.

◎ 청정도 표시가 이상해요.

• 센서 내부를 열어 이물질이 있는지 확인해 보세요. 이물질이 있다면 제거해 주세요.

• 겨울철 초기 가동 시 온도 차이에 의해 센서 내부에 이슬이 맺혀 일시적으로 빨간색으로 점등될 수 있습니다. 1~2시간 정도 운전하면 사라지니 안심하고 사용하세요.

• 전원 플러그를 빼고 다시 연결해 재작동시켜 주세요.

• 청정도 표시가 장시간 빨간색으로 점등될 경우, 센서의 작동 이상일 수 있으니 서비스 센터에 문의해 주세요.

41 일체형 필터에 관한 확인 사항으로 옳지 않은 것은?

① 일체형 필터 사용 시에는 반드시 필터의 비닐을 제거하고 사용한다.

② 심한 냄새가 발생할 경우 환기를 먼저 한 후 공기청정기를 사용한다.

③ 필터 교체 주기는 사용 환경에 따라 달라질 수 있다.

④ 일체형 필터는 세제가 아닌 물로 세척한다.

⑤ 무상 보증 기간이어도 필터는 유상 구매하여 교체해야 한다.

42 C사원이 공기청정기 사용에 관해 동료에게 알려준 내용으로 옳지 않은 것은?

① 필터를 끼우고 공기청정기를 사용해야 한다.

② 필터 교체 알림이 나타나지 않아도 바람 세기가 급격히 약해지면 새 필터로 교체해야 한다.

③ 필터는 청소 후 직사광선에서 충분히 말려야 한다.

④ 작동 중에 제품을 이동시키면 소음이 날 수 있으므로 전원을 끈 상태로 이동시켜야 한다.

⑤ 제품 구입 후 초기에 나는 냄새는 자연스러운 현상이므로 안심해도 된다.

43 극세 필터가 더러울 경우 발생할 수 있는 문제는?

① 작동이 안 된다.

② 이상한 소리가 난다.

③ 이상한 냄새가 난다.

④ 청정도 표시가 빨간색으로 점등된다.

⑤ 센서 내부에 이슬이 맺힌다.

[44~45] ○○공사 인사팀은 신입사원들에게 프린터 문제 해결 방법에 관한 업무 매뉴얼을 배포하였다. 이를 보고 이어지는 물음에 답하시오.

1. 용지 걸림 예방 및 해결법
- 용지함에 용지를 너무 많이 넣지 마세요. 용지함의 용지 최대 적재 마크를 넘지 않도록 용지를 넣으세요.
- 인쇄 중에 용지함에서 용지를 빼지 마세요.
- 용지를 넣기 전에 용지를 구부리거나 털어서 반듯하게 정리하세요.
- 구겨지거나 습기 찬 용지, 심하게 말린 용지는 사용하지 마세요.
- 용지함에 서로 다른 용지 종류를 넣지 마세요.
- 용지함에서 용지가 걸린 경우 찢어지지 않도록 천천히 조심스럽게 잡아 당겨서 걸린 용지를 제거하세요.
- 제품 내부에서 용지가 걸린 경우 정착기 영역의 온도가 높으므로 용지를 꺼낼 때 주의하세요.
- 용지가 출구에 걸린 경우 정착기 영역의 온도가 높으므로 용지를 꺼낼 때 주의하세요.

2. 전원 및 케이블 연결 문제

상태	해결 방법
제품에 전원이 들어오지 않거나 제품과 컴퓨터 사이의 케이블이 바르게 연결되어 있지 않습니다.	• 제품을 전원 공급 장치에 먼저 연결하고 조작부의 전원 버튼을 누르세요. • 제품 케이블을 뺐다가 다시 연결하세요.

3. 무선 네트워크 문제

상태	해결 방법
무선 구성이 완료된 후 프린터에서 인쇄가 되지 않습니다.	• 프린터가 켜져 있으며 준비 상태인지 확인하세요. • 컴퓨터에 있는 모든 타사 방화벽을 꺼주세요. • 무선 네트워크가 제대로 작동하는지 확인하세요.
여러 대의 컴퓨터를 무선 프린터에 연결할 수 없습니다.	• 다른 컴퓨터가 무선 범위 내에 있고 신호를 방해하는 장애물이 없는지 확인하세요. 대부분의 네트워크에서 무선 범위는 무선 액세스 지점에서 30m 이내에 있어야 합니다. • Wi-Fi Direct 동시 사용자가 5명 미만인지 확인하세요.
무선 네트워크가 작동하지 않습니다.	• 네트워크 통신이 끊어졌는지 확인하려면 다른 장치로 네트워크에 연결해보세요. • 라우터 또는 프린터가 컴퓨터와 연결된 네트워크와 동일한 네트워크에 연결되어 있는지 확인하세요.
프린터에서 인쇄가 되지 않으며 컴퓨터에 타사 방화벽이 설치되어 있습니다.	• 제조업체에서 제공하는 최신 업데이트로 방화벽을 업데이트하세요. • 프린터를 설치하거나 인쇄하려고 할 때 프로그램이 방화벽 액세스를 요청하는 경우 프로그램이 실행되도록 해주세요.

44 위 매뉴얼을 잘못 이해한 것은?

① 제품 내부나 출구에 용지가 걸린 경우 곧바로 용지를 잡아당겨 제거해야 하는구나.

② 프린터에 용지를 잘 정리해서 넣어야 걸림 현상을 막을 수 있구나.

③ 용지함에는 최대 적재 마크까지만 용지를 넣어야 하네.

④ 용지함에 여러 종류의 용지가 있거나, 구겨진 용지가 섞여 있다면 인쇄 시 용지가 걸릴 가능성이 있구나.

⑤ 네트워크를 연결했는데도 프린터 인쇄가 되지 않는 경에는 컴퓨터의 타사 방화벽이 켜져 있는지 확인해 봐야 해.

45 ○○공사 K사원은 같은 팀 A~E 사원과 함께 사용하고 있는 컴퓨터와 G−4210 무선 프린터의 연결을 시도하였지만 되지 않자 인사팀에 문의를 하였다. 이때 인사팀이 알려줄 해결 방법으로 가장 적절한 것은?

① 제품 케이블을 뺐다가 다시 연결해주세요.

② 컴퓨터에 있는 모든 타사 방화벽을 꺼주세요.

③ 제조업체에서 제공하는 최신 업데이트 방화벽을 업데이트해주세요.

④ 프린터가 컴퓨터와 연결된 네트워크와 동일한지 확인해주세요.

⑤ Wi−Fi Direct의 동시 사용자가 5명 미만인지 확인해주세요.

[46~48] 다음은 K사 홈페이지에 공개된 보일러 이상 현상 발생 원인별 조치사항의 내용이다. 이를 보고 이어지는 물음에 답하시오.

보일러 이상 현상 발생 원인별 조치사항

현상		원인	조치사항
보일러가 가동되지 않는다.	전원램프에 전원이 들어오지 않는다.	퓨즈가 끊어져 있다.	점검 의뢰하십시오.
		정전 중	통전될 때까지 기다리십시오.
		전원플러그 접촉 불량	점검 의뢰하십시오.
		전원플러그가 뽑혀져 있다.	전원플러그를 꽂아 주십시오.
	난방수 온도는 표시되는데 보일러가 작동하지 않는다.	보일러 온도조절기 설정 온도가 낮다.	보일러 온도조절기 설정 온도를 높여 주십시오.
	온도 표시창에 '02'라고 표시된다.	난방배관에 물이 없다.	난방수를 보충하여 주십시오.
		• 보충수 밸브 고장이다. • 직수가 공급되지 않는다.	점검 의뢰하십시오.
	온도 표시창에 '01'이라고 표시된다.	난방배관이 막혔다.	난방필터를 청소하여 주십시오.
		순환펌프 고장이다.	난방필터 청소 후에도 온도 표시창에 '01'이라고 표시되면 점검 의뢰하십시오.
보일러는 정상 작동하나 온수가 나오지 않는다.		난방배관에 밸브가 잠겨 있거나 난방배관이 막혀 있다.	기압장치 설치를 의뢰하십시오.
		난방배관에 공기가 많이 차 있다.	점검 의뢰하십시오.
		순환펌프가 고착되어 작동을 하지 않는다.	점검 의뢰하십시오.
		난방배관이 샌다.	점검 의뢰하십시오.
점화는 되지 않고 팬이 계속 돈다.		급배기관이 바르게 설치되어 있지 않다.	점검 의뢰하십시오.
		풍압 스위치에 이상이 있다.	점검 의뢰하십시오.
		굴뚝이 막혀 있다.	점검 의뢰하십시오.
점화, 연소 중 큰 소음이 발생한다.		급배기관이 바르게 설치되어 있지 않다.	점검 의뢰하십시오.
		급배기관이 막혀 있다.	점검 의뢰하십시오.
온수 사용 시 온수가 나오지 않는다.		온수라인이 막혔다.	점검 의뢰하십시오.
		온수 흐름 스위치에 이상이 있다.	점검 의뢰하십시오.
운전을 시작하였으나 점화되지 않고 바로 정지되며 확인램프에 불이 들어온다.		중간 가스밸브가 잠겨 있다.	가스밸브를 열어 주십시오.
		점화 스파크가 튀지 않는다.	점검 의뢰하십시오.

46 보일러는 정상 작동하나 온수가 나오지 않는 현상의 원인으로 옳지 않은 것은?

① 난방배관이 샌다.
② 순환펌프가 고착되어 작동을 하지 않는다.
③ 난방배관에 밸브가 잠겨 있다.
④ 중간 가스밸브가 잠겨 있다.
⑤ 난방배관이 막혀 있다.

47 다음 중 보일러 회사에 점검을 의뢰해야 하는 경우가 아닌 것은?

① 온수 사용 시 온수가 나오지 않는다.
② 점화는 되지 않고 팬이 계속 돈다.
③ 난방배관에 밸브가 잠겨 있거나 난방배관이 막혀 있다.
④ 난방필터 청소 후에도 온도 표시창에 '01'이라고 표시된다.
⑤ 점화, 연소 중 큰 소음이 발생한다.

48 난방배관이 막혔을 때와 급배기관이 막혔을 때 발생하는 현상을 순서대로 바르게 짝지은 것은?

① 온도 표시창에 '02'라고 표시된다, 온수 사용 시 온수가 나오지 않는다.
② 온도 표시창에 '01'이라고 표시된다, 점화, 연소 중 큰 소음이 발생한다.
③ 온수 사용 시 온수가 나오지 않는다, 난방수 온도는 표시되는데 보일러가 작동하지 않는다.
④ 온도 표시창에 '01'이라고 표시된다, 온수 사용 시 온수가 나오지 않는다.
⑤ 온도 표시창에 '02'라고 표시된다, 점화, 연소 중 큰 소음이 발생한다.

[49~50] 다음은 ◇◇에어컨 구매 시 받은 사용설명서에 포함된 문제 해결방법의 일부이다. 이를 보고 이어지는 물음에 답하시오.

◎ 찬바람이 나오지 않아요.
- 희망 온도를 현재 온도보다 낮게 조절하세요.
- 온도가 높은 날에는 찬바람이 약하게 느껴질 수 있습니다. 햇빛을 차단하거나 선풍기와 함께 사용하세요.
- 먼지 필터를 확인해 보세요. 먼지 필터에 먼지가 많이 생기게 되면 공기흡입이 힘들어 배출구에서 나오는 바람의 양이 줄어들고 찬바람도 멀리 갈 수 없어 냉방 성능 저하의 원인이 됩니다.
- 실내기 주변의 장애물을 치워 주세요. 실내기 흡입구 쪽 커튼 등의 가림막으로 인한 막힘이 있는지 확인해 주세요.
- 실외기 주변의 장애물을 치워 주세요. 실외기 주변의 장애물로 인해 실외기의 뜨거운 열기가 배출되지 못할 때 실외기 온도가 상승하며 냉방성능이 떨어지게 됩니다.

◎ 작동이 되지 않아요.
- 전원 스위치를 확인해 보세요. 전원 스위치가 내려져 있다면 전원 스위치를 올려 주세요.
- 정격 전압 220V가 맞는지 한국전력에 문의하세요.
- 리모컨에 이상이 있는지 확인하세요. 건전지를 교환하거나 극성(+, −)에 맞게 다시 넣으세요. 리모컨의 건전지 액이 흘러내리면 건전지를 교환해 주세요.
- 냉각수 밸브를 확인해 보세요. 냉각수 밸브가 잠겨 있는지 확인하고 다른 전기기구를 확인해 보세요. (전기가 들어오면 다시 작동시키세요.)

◎ 배출구에 이슬이 맺혔어요.
- 실내 습도를 확인해 보세요. 실내 습도가 높다면 공기 중의 습기가 이슬로 맺히는 자연스러운 현상이므로 고장은 아닙니다. 마른 수건으로 닦아 주세요.

◎ 이상한 소리가 나요.
- 탈취 필터 및 살균 필터에 이물질이 끼어 있는지 확인해 보세요. 이물질이 끼어 있다면 탈취 필터 및 살균필터를 청소하세요. 탈취 필터 분리 후 장착 시 스프링에 바르게 접촉되도록 하세요.

◎ 이상한 냄새가 나요.
- 곰팡이 냄새가 나는 경우 주변을 환기하면서 청정운전을 2시간 정도 해주세요.
- 시큼한 냄새가 나는 경우 수건에 물을 조금 적셔 수시로 배출구를 닦아 주시고 환기를 시켜주세요.
- 지린내가 나는 경우 에어컨의 물이 빠지는 배수 호스를 확인해 주세요. 배수 호스의 끝부분에서 냄새가 역류하여 지린내가 날 수 있으므로 끝부분의 위치를 바꿔주세요.

◎ 에어컨에서 물이 넘쳐요.
- 배수 호스가 막혔는지 확인해 보세요. 배수 호스 안에 이물질이 있다면 제거해 주세요.
- 배수 호스가 바닥보다 높게 설치되어 있는지 확인해 보세요. 바닥보다 높다면 배수 호스가 바닥에 닿게 설치해 주세요.

---

49 에어컨이 작동하지 않는 경우의 문제 해결 방법으로 적절하지 않은 것은?

① 전원 스위치가 내려져 있는지 확인한다.

② 정격 전압 220V가 맞는지 한국전력에 문의한다.

③ 리모컨의 건전지를 교환한다.

④ 냉각수 밸브가 잠겨있는지 확인해 본다.

⑤ 배수 호스가 막혔는지 확인한다.

50 에어컨에 문제가 생겨 에어컨의 탈취 필터 및 살균 필터를 청소해 문제를 해결하였다. 이때 발생한 문제는 무엇이었겠는가?

① 이상한 소리가 났다.

② 운전이 전혀 되지 않았다.

③ 찬바람이 나오지 않았다.

④ 에어컨에서 물이 넘쳤다.

⑤ 배출구에 이슬이 맺혔다.

한국농어촌공사

직업기초능력평가

박문각

한국농어촌공사

직업기초능력평가

봉투모의고사

/

3회

박문각

제3회 직업기초능력평가

	공통	의사소통능력, 수리능력, 문제해결능력, 정보능력	총 50문항 / 50분
선택	경상, 법정, 농학, 전산 등	자원관리능력	
	토목일반, 조경, 기계 등	기술능력	

01 다음 글에서 추론할 수 없는 것은?

> 사자가 사람을 물었다고 해서 우리는 이를 비도덕적이라고 비난하지는 않는다. 도덕적이라는 말은 인간의 행위와 관련된 것이기 때문이다. 또한 어떤 사람이 어떤 옷을 입었느냐, 무슨 음료를 마시느냐 하는 것을 놓고도 도덕적으로 문제 삼을 수 없다. 이러한 행위는 도덕률과 관련이 없기 때문이다. 그렇다면 도대체 어떤 행위에 대해서 도덕적인지 아닌지를 따질 수 있는 것일까?
>
> 우선 도덕성 판단은 인간의 이성이 작용하고 있음을 전제로 한다. 따라서 행위자가 분명한 이성의 작용 아래에서 도덕률과 관련 있는 어떤 행위를 했을 때에만 도덕성 판단을 할 수 있다. 운전자가 횡단보도에서 의도성을 가지고 위험하게 차를 몰다 보행자를 다치게 했다면 그의 행위는 비도덕적인 것이다. 그러나 의식이 혼미한 상태에서 어떤 결과를 초래할지 모르고 한 행위에 대해서는 도덕성 판단을 할 수 없다. 예컨대 심각한 정신 질환자가 저지른 폭력으로 인해 다른 사람이 위험에 빠졌을 때 이 정신 질환자의 행위를 비도덕적인 것이라고 비난하기는 어렵다. 왜냐하면 이 사람의 행위가 이성의 작용 아래 이루어진 것으로 볼 수 없기 때문이다.
>
> 그렇다면 행위자의 이성은 작용하고 있지만 의도성이 없을 때에는 어떠할까? 운전자의 의도성은 없지만 실수로 횡단보도를 발견하지 못하고 보행자를 다치게 한 경우, 또는 인공호흡에 대해 잘 모르는 사람이 물에 빠진 사람을 보고 다급한 마음에 인공호흡을 해 그 사람을 위험에 빠뜨린 경우를 생각해 보자. 두 경우 모두 행위에 대한 의도성은 없지만 도덕적 비난을 피할 수 없다. 왜냐하면 도덕성 판단의 기준은 행위자의 의도성 여부가 아니라 행위자의 이성 작용 여부에 따르는 것이기 때문이다.
>
> 도덕성 판단을 할 때 이성의 작용 외에 인간의 자유의지 여부도 매우 중요한 기준이 된다. 이 기준에 따른다면 인간의 자유의지에 의하지 않은 행위에 대해서는 도덕성 판단을 할 수 없다. 따라서 자유의지에 의하지 않고 외부의 심각한 강요나 협박에 의한 행위에 대해 그 행위자는 도덕적 책임으로부터 벗어날 수 있다. 어떤 운전자가 이성이 작용하는 상태에서 운전을 하다 사고를 내더라도, 그것이 타인에 의해 자유의지가 박탈된 경우라면 그 운전자에게 도덕적 책임을 물을 수 없다.

① 범법 행위의 의도성 여부를 따지는 까닭은 인간의 이성을 전제로 도덕성을 판단하기 때문이다.
② 도덕성의 판단은 오직 인간을 대상으로만 가능하다.
③ 정신 질환자가 자동차를 운전하다가 실수로 보행자를 다치게 한 경우에 도덕적 비난을 피할 수 있는 것은 이 행위가 이성의 작용 아래 이루어진 것으로 볼 수 없기 때문이다.
④ 이성적 판단을 할 수 있는 사람이라 할지라도 협박을 받아 한 행위에 대해서는 도덕적 책임에서 벗어날 수 있다.
⑤ 자신의 자유의지에 의한 행위에 대해서는 어떤 이유에서라도 도덕적 책임을 져야 한다.

02 다음 글의 내용과 일치하는 것은?

19세기 후반부터 진공펌프와 높은 전압을 내는 장치가 발명되면서 물리학자들은 여러 가지 진공방전 (vacuum discharge) 실험에 매달리기 시작했다. 그중 하나가 유리로 만든 관 내부에서 공기를 빼내어 높은 진공상태를 만든 후 다른 기체를 약간 넣고 금속판을 연결하여 양극과 음극 사이에서 높은 전압을 방전시키는 실험이었다. 이 실험에서는 유리관 내부에서 특이한 빛이 관찰되었을 뿐 아니라 음극에서 양극으로 어떤 이상한 빛을 내는 선이 흐르는 현상도 관찰되었다. 독일의 물리학자 골드슈타인은 이 선을 음극선이라고 불렀다. 골드슈타인은 또한 어떤 금속을 전극으로 사용하든지 간에 음극선의 성질은 똑같다는 것을 발견하였다. 1897년 영국 케임브리지 대학의 톰슨은 음극선에 전기장이나 자기장을 걸었을 때 음극선이 휘어지는 정도를 측정하였다. 그 결과, 음극의 금속 원자에서 튀어나와 음극선을 이루는 입자의 전하와 질량의 비율(e/m)은 유리관 안에 들어 있는 기체의 종류와 관계없이 수소이온의 경우에 비해 약 1000배가 된다는 것을 알아냈다. 그런데 음극선 입자의 전하와 수소이온의 전하는 크기가 같기 때문에, 실험 내용은 음극선 입자의 질량이 원자 중에서 가장 작은 수소 원자 질량의 약 1000분의 1밖에 안 된다는 것을 의미하는 것이었다. 즉, 원자보다 훨씬 가벼운, 음전기를 띠는 입자가 원자 내부에 들어 있는 것이 확실해진 것이다. 그 후 이 입자는 스토니가 '전자'라고 불렀던 입자였던 것으로 밝혀졌다. 톰슨은 전자를 발견한 업적으로 1906년에 노벨 물리학상을 수상했다.

① 진공방전 실험만으로는 음극선의 존재를 확인할 수 없었다.
② 전자의 전하와 질량 비율은 유리관 속 기체의 종류에 따라 달라졌다.
③ 톰슨은 전자의 질량을 측정하기 위해 음극선에 전기장이나 자기장을 걸어 주었다.
④ 톰슨의 실험은 특정한 기체 속에서만 모든 금속 원자가 똑같은 전자를 갖는다는 것을 보여 주었다.
⑤ 음극선 입자의 전하와 수소이온이 갖는 전하의 크기가 같다는 사실을 토대로 원자 내 전자의 존재를 알 수 있게 되었다.

03 다음 〈보기〉 뒤에 이어질 내용을 순서대로 바르게 배열한 것은?

┌ 보기 ┌
대한민국은 정부 수립 직후부터 한글 사용에 관한 정책을 적극적으로 추진하였다.

(가) 그러나 이러한 법률 제정에도 불구하고 유독 법조문과 법률 용어들은 일반인들이 도저히 알기 어려운 한자로 점철되어 왔으며, 법조문의 한자를 한글화하기까지는 다시 반세기 이상의 시간이 소요되었다.

(나) 다만, 얼마 동안 필요한 때에는 한자를 병용할 수 있다고 덧붙였다.

(다) 정부가 법조문의 한글화를 위한 구체적인 특별법을 의결한 것은 2004년 12월 21일 국무회의에서였으며, 2005년 한글날을 기점으로 몇 개 법령을 제외한 모든 현행 법령의 조문을 한글로 바꾸기 위한 특별법을 통과시켰다.

(라) 온전한 국어 사용을 통해 민족정신을 고취시키고자 한 것이 그 취지였다.

(마) 1948년에 공포된 '한글전용에 관한 법률'에서 대한민국의 공용문서는 한글로만 쓴다고 명시하였다.

① (라) - (다) - (마) - (나) - (가)
② (라) - (마) - (나) - (가) - (다)
③ (마) - (라) - (가) - (나) - (다)
④ (마) - (가) - (나) - (다) - (라)
⑤ (라) - (마) - (가) - (다) - (나)

04 다음 글의 주제로 가장 적절한 것은?

사람의 내장 기관 중 재생 능력이 가장 뛰어난 간의 경우, 건강한 사람은 간의 절반 정도를 잘라내도 다시 원래대로 재생된다. 나머지 다른 기관들도 어느 정도까지는 재생 능력이 있는데 가장 중요한 뇌세포는 재생되지 않는다. 그동안의 연구 결과에 따르면 뇌세포는 분열할 능력은 있지만 여러 가지 조건상 분열이 제한되어 있어 다른 기관과 달리 재생되지 않는 것이 밝혀졌다. 관찰 결과 뇌의 신경세포가 상처를 입으면 주변을 둘러싸고 있는 교세포들이 신경세포의 재생을 막는 방해 물질들을 내어 재생을 막는 것이다. 그런데 실험실에서 신경세포 하나만을 꺼내서 일부러 상처를 입힌 뒤, 방해 물질과의 접촉을 막고 신경세포의 성장을 도와주는 물질들을 처리해주면 신경세포가 재생되는 것이 관찰되었다. 그렇다면 왜 우리의 뇌는 원래 재생력이 없는 것도 아니면서 교세포가 방해 공작을 펴서 신경세포의 분열과 재생을 막도록 진화해왔을까? 우리가 어떤 정보를 뇌세포에 기억시키는 것은 그 정보를 신경세포의 회로에 저장한다는 것이다. 이 신경세포는 이후에 이동하거나 변화되면 안 된다. 정보를 저장한 뒤에도 신경세포가 마구 분열한다면 이후 이 회로는 엉망이 되어 기억의 내용이 뒤죽박죽되어버릴 것이기 때문이다. 그러므로 일단 정보를 저장하고 회로가 완성되면 신경세포들은 더 이상 분열하지 않아야 한다. 그래야 기존의 기억을 제대로 보관할 수 있다. 그래서 우리의 뇌는 상처를 입었을 때 재생할 수 없다는 엄청난 위험 부담을 감수하고서라도 기존의 신경, 전달 회로를 지키려는 전략을 택하게 되었다. 하나를 얻기 위해 다른 하나는 희생해야 하는 것, 진화는 그렇게 냉정하게 진행되어 왔다.

① 인간의 진화 과정에서 뇌의 재생 능력 또한 진화되어 왔다.
② 뇌가 타 기관보다 재생 능력이 떨어지는 것은 뇌 신경세포의 특성 때문이다.
③ 뇌는 신경세포의 정보 저장 능력을 지키기 위해 재생 능력을 진화시켜 왔다.
④ 간과 뇌 등 사람의 내장 기관은 정도의 차이는 있으나 모두 재생 능력을 갖고 있다.
⑤ 뇌세포가 재생되지 않도록 진화된 것은 기존의 신경, 전달 회로를 지키기 위해서이다.

05 다음 글의 내용과 가장 거리가 먼 것은?

유럽 문화와 그 신화의 샘물이라 할 수 있는 그리스 신화를 보면 우주의 시원부터가 잔인한 피로 물들여져 있다. 대지의 여신 '게(Ge)'는 아들과 합세하여 그 남편인 '우라노스(하늘)'를 죽인다. 그것도 그냥 죽이는 것이 아니라 낫으로 우라노스의 남근을 잘라버리는 것으로 되어 있다. 그 남근에서 흘러내린 피가 바다에 떨어져 여러 신들이 탄생하게 된다. 남편과 아버지를 죽이는 모반, 그 살육의 피에서 탄생되는 새로운 생명들, 이것이 유럽인들이 생각한 역사요, 혁명의 열정이었다.

단군 신화는 하늘과 땅이 만나고 환웅과 웅녀가 짝을 맺는 데서부터 나라와 역사가 탄생되는 이야기다. <삼국유사>의 건국신화는 피의 싸움에 의한 것이 아니라 거의 모두가 영웅 추대형의 구조를 지니고 있다. 설화도 마찬가지다. 한국의 설화에는 복수 이야기가 적다. 일본만 해도 대부분의 설화는 침략형에 속하는 것이고 복수담으로 되어 있지만 한국의 설화는 <해와 달>처럼 간악한 호랑이에 쫓기는 도피형 설화다. <춘향전>에서도 춘향이나 이몽룡이 변 사또를 봉고파직했을 뿐 복수는 하지 않는다. <사씨남정기>에서는 사 씨가 자신을 죽음에 몰아넣은 교 씨를 내쫓았을 뿐 그녀에게 잔인한 형벌을 가하지는 않는다.

서양인들의 주택은 중세 때부터 성벽과 지하실 위에 세웠다. 어두운 지하실의 비밀, 온갖 잔인한 음모는 이 볕이 안 드는 음침한 지하실에서 벌어졌고 포우의 소설처럼 사람을 죽여 그 벽 속에 묻어 둔다. 모든 집에 지하실을 갖고 있었다는 것은 모든 집에 사설 감옥을 설치해 두었다는 이야기가 된다. 한국의 주택에는 지하실이란 게 없었다. 그 대신 훤히 들여다보이는 장독대와 헛간이 있었을 뿐이다. 일본의 건축 구조만 해도 장지만 열면 언제나 칼싸움을 할 수 있는 도장이 될 수 있게 되어 있다. 뜰에는 자갈을 깔아 침입자의 발자국 소리가 울리도록 고안되었다. 죽이고 죽는 긴장, 무사 문화의 잔인한 살육 속에서 생겨난 주택 구조다.

일상에서 쓰는 농기구를 보면 서양 농기구의 낫은 안에서 밖으로 치며 날이 바깥으로 서 있는 공격용 무기다. 그러나 한국의 농기구인 호미나 낫은 모두 밖에서 안으로 끌어당기면서 쓰도록 되어 있고 날이 전부 안으로 서 있기 때문에 자기를 찌를 위험은 있어도 남을 치기엔 불편하다.

① 서양에서 자라난 역사의 나무는 잔인한 핏방울의 토양에서 성장하였다.

② 우리나라 문화의 토양은 서양이나 일본과 비교해 볼 때 피의 싸움이나 잔인한 복수극과는 거리가 있다.

③ 우리의 설화는 영웅 추대형 구조를 갖거나 도피형 설화로 잔인한 현실 세계에서 취약점이 되고 있다.

④ 집단적 체험을 나타내는 감정과 사고의 원형이 되는 신화와 설화의 구조를 통해 그 나라 사람의 성품을 추측할 수 있다.

⑤ 주택 구조, 일상생활의 도구 등을 통해서 민족의 기본정서에 대한 추측과 비교가 가능하다.

06 다음 글의 내용과 일치하는 것은?

민주선거의 기본원칙으로써 보통, 평등, 직접, 비밀, 자유선거의 원칙을 들 수 있다. 보통선거의 원칙이란 일정한 연령에 달한 모든 국민에게 선거권을 인정하는 선거원칙이다. 하지만 모든 국민의 국정 참여를 요청하는 것이라 할지라도 합리적인 이유가 있으면 제한할 수 있다. 평등선거의 원칙은 선거인의 투표가 치를 평등하게 취급하는 것이다. 평등선거는 모든 유권자에게 동등한 1인 1표의 투표권을 인정하는 것이다. 직접선거의 원칙은 선거권을 가진 사람이 다른 사람을 거치지 않고, 자신이 직접 투표 장소에 가서 투표하는 원칙이다. 일반적으로 직접선거가 간접선거에 비하여 국민의 의사에 직결되어 있다는 점에서 민주적인 제도라고 할 수 있다. 그리고 비밀선거의 원칙은 선거인이 어느 후보자를 선출하는지 알 수 없게 하는 원칙을 말한다. 비밀선거는 선거인의 투표내용을 공개하는 공개선거에 대한 반대 개념이다. 공개선거는 투표의 책임을 명백히 한다는 뜻에서 채용되기는 하지만, 자유로운 의사표시를 방해할 위험이 크기 때문에 선거의 공정성이나 자유로운 분위기를 보장할 수 없다는 결점이 있다. 마지막으로 자유선거의 원칙이란 강제선거에 대한 반대 개념으로 헌법에 명시되지는 않았지만 민주국가의 선거제도에 내재하는 선거원칙이다.

① 보통, 평등, 직접, 비밀, 자유선거의 원칙은 모두 헌법에 명시되어 있는 민주선거의 기본원칙이다.
② 평등선거의 원칙이란 일정 연령에 달한 모든 국민에게 선거권을 인정하는 선거원칙이다.
③ 공개선거는 자유로운 의사표시를 방해할 위험이 크기 때문에 절대로 채용될 수 없다.
④ 직접선거가 간접선거보다 민주적 제도인 이유는 국민의 의사에 직결되어 있기 때문이다.
⑤ 보통선거의 원칙은 어떠한 이유로도 제한받을 수 없는 민주선거의 기본원칙이다.

07 다음 글의 내용과 일치하지 않는 것은?

우리 인체는 폐쇄적인 사회에 가까운데, 이것을 유지하는 방어 체계가 면역계이다. 면역계는 제 식구는 감싸지만, 외부에서 들어오는 항원은 공격하여 무력화시킨다. 왜냐하면 이런 이방인을 방치하면 우리 몸의 정교한 시스템이 붕괴되기 때문이다. 즉, 면역계의 핵심은 '나'와 '남'을 구별하여 '남'을 만나면 없애거나 '남'의 인상착의를 기억해 두었다가 훗날 다시 만나면 없앨 수 있도록 대비하는 것이다. 그런데 처음 만난 자가 너무 강하면 방어할 시간이 없어 한방의 공격에 무너질 수도 있다. 이를 방지하기 위해서는 인위적으로 약한 이방인을 만들어 몸의 방어능력을 높이는 것이 필요한데, 이것이 예방 백신이다. 우리가 독감 예방 주사를 맞는 것이 이에 해당한다. 그러면 몸속 구성원에 이상이 생기면 어떻게 될까? 몸속 구성원에 문제가 생기면, 면역계는 이를 바이러스로 인식하지 못하기 때문에 속수무책이 된다. 실례로 알츠하이머병은 '아밀로이드-β'라는 단백질이 뇌혈관에 쌓여 생기는 병인데, 면역계가 몸속 구성원인 '아밀로이드-β' 단백질을 바이러스로 인식하지 못해 병이 생기는 것이다. 그렇다면 예방 백신의 원리를 응용해서 몸속 구성원의 문제로 생긴 질병을 치료할 수는 없을까? 몸속 고유단백질과 유사하게 바이러스로 디자인해 백신으로 맞는 방법이 있을 수 있다. 앞에서 이야기했듯이 면역계는 몸속 고유단백질에는 반응하지 않기 때문에 위험임을 알려주는 보조물질이 필요하다. 이 면역보조물질을 고유단백질에 포함시켜 만든 백신 주사를 맞으면 면역계는 항체를 만들게 된다. 그리고 이 항체는 '말썽'을 일으키는 몸속 고유단백질을 찾아가 힘을 빼놓거나 제거할 수 있는데, 이것이 치료 백신이다.

① 면역계가 외부의 항원을 공격하지 않는다면 우리 몸의 시스템은 붕괴된다.
② 독감 예방 주사를 맞는 것은 몸의 방어능력을 높이기 위해서이다.
③ 알츠하이머병이 생기는 이유는 몸속 구성원의 이상 때문이다.
④ 면역계는 '아밀로이드-β' 단백질을 바이러스로 인식하지 못해 공격한다.
⑤ 면역보조물질을 이용해 면역계가 몸속 고유단백질에 반응하게 할 수 있다.

08 다음 글의 빈칸에 들어가기에 가장 적절한 것은?

역사 담론이란 이해 당사자가 (   ) 역사란 기본적으로 특정한 사람, 계급, 집단이 자신들을 위해 경쟁적으로 과거의 해석을 자서전적으로 구성해 내는 전쟁터이며 힘의 마당인 것이다. 역사 자체가 이데올로기적 구성물이라는 것은 그것이 권력관계에 따라 다양하게 영향을 받는 사람들에 의해 끊임없이 재구성·재정리된다는 것을 의미한다. 역사는 스스로 존재하는 것이 아니라, 항상 누군가를 위해 존재한다. 왜냐하면 지배자뿐 아니라 피지배자도 각각 자신들의 실천적 행위를 정당화하기 위해 과거를 독자적으로 각색하기 때문이다. 그래서 이제 "역사란 무엇인가?"라는 물음은 '무엇'을 '누구'로 대체하고, '위하여'를 뒤에 덧붙여 "누구를 위한 역사인가?"로 바꾸어야 제대로 된 물음이 될 것이다. 이 질문을 이해할 수만 있다면, 역사란 다른 집단에게는 상이한 의미를 갖는 논쟁적 용어 혹은 담론이며, 따라서 역사는 필연적으로 문제투성이라는 점을 이해할 수 있을 것이다.

① 과거의 의미 있는 사건을 기록한 것이다.
② 자신을 위해 직접 과거를 조직해 내는 방식이다.
③ 보편적으로 과거를 받아들이는 방식이다.
④ 과거로부터 미래를 유추하는 과정이다.
⑤ 과거의 기록 중 인류 보편적 가치를 지닌 것을 추출해 내는 과정이다.

[09~10] 다음은 한국농어촌공사의 보도자료 내용이다. 이를 보고 이어지는 물음에 답하시오.

한국농어촌공사(사장 이○○)는 농지은행사업에 전년보다 3% 증가한 1조 4천억 원을 투입해 사업의 기능을 강화하고 맞춤형 농지지원사업 확대로 지속 가능한 농정 가치를 실현해 나가겠다고 2023년 2월 6일 밝혔다.

농지은행사업은 1990년 농지규모화 사업을 시작으로 은퇴농, 자경 곤란자, 이농자로부터 농지를 매입하거나 임차 수탁 받아 농지 이용을 필요로 하는 창업농과 농업인에게 농지를 매도하거나 임대하는 사업이다. 2023년 사업비 중 가장 많은 비중(8,577억 원)을 차지하는 '맞춤형 농지지원사업'은 농지를 매입해 장기 임차를 지원하는 공공임대용 농지매입사업*과 영농 규모를 확대 지원하는 농지규모화사업**으로 구성되어 있으며, 2022년 총 7,821억 원을 지원했다.

* 공공임대용 농지매입사업 : 고령, 질병 등으로 은퇴나 이농 전업을 희망하는 농업인의 농지를 공사가 매입해 청년 창업형 후계 농 등 농업인에게 임차하는 것
** 농지규모화사업 : 농가가 영농 규모를 확대해 소득 증대에 기여할 수 있도록 농지의 매매와 임대차를 통해 돕는 사업

경영위기 농가를 위한 '경영회생지원 농지매입사업'에는 2,907억 원 규모의 예산이 투입된다. 자연재해나 부채 등으로 경영이 어려운 농가를 지원하는 사업으로 2022년 지속적인 금리 인상 기조와 맞물려 부채 농가의 큰 호응을 얻어 당초 사업비의 105% 수준인 3,231억 원을 확보하여 지원했다.

아울러 고령 농업인이 소유한 농지를 담보로 안정적인 노후 생활을 위한 연금을 지급하는 '농지연금사업'에는 2,282억 원이 투입된다. 2011년 첫 도입 이래 2022년까지 가입건수는 2만 건을 돌파하였으며, 가입자는 월평균 98만 원의 연금을 지급받고 있다. 특히, 2023년부터는 선임대후매도사업*, 농업스타트업단지조성사업**, 비축농지임대형스마트팜사업*** 등의 신규 사업 도입과 181억 원의 예산 편성으로, 청년농과 신규농업인의 농지 수요를 반영한 농지확보와 농지지원 강화로 미래 농업 성장을 뒷받침할 예정이다.

* 선임대후매도사업 : 청년농의 농지확보 부담완화를 위하여 청년농이 농지를 장기 임차한 후 농지를 매입할 수 있도록 지원하는 사업
** 농업스타트업단지조성사업 : 활용도가 낮은 농지들을 농지은행이 매입하여 청년농이 시설 영농을 할 수 있도록 용수로와 배수로 등 농업생산기반을 조성하는 사업
*** 비축농지임대형스마트팜 : 농지은행이 매입비축한 농지에 환경제어시설, 양액재배시설, 관수시설 등을 갖춘 연동형 비닐온실을 설치한 후 청년농에게 장기임대하는 사업

또한, 2022년 2월 18일 출범된 농지은행관리원을 통한 상시 농지 관리조사, 농지관리체계 구축으로 농지관리 기능의 내실화와 전문성을 제고하여 농지종합관리기구로서의 역할을 수행하고 있다. 이○○ 사장은 "농지은행을 통해 고령농업인의 노후생활 안정과 부채 농가의 경영회생지원뿐만 아니라 2030세대를 비롯한 청년 농업인의 육성을 위하여 최선을 다하겠다."라고 말했다. 각 사업에 대한 자세한 정보는 농지은행통합상담 센터(1577-7770)를 통한 문의 또는 농지은행 포털(www.fbo.or.kr)을 통해 확인할 수 있다.

09 위 보도자료의 내용과 일치하는 것은?

① 맞춤형 농지지원사업의 사업비는 전년 대비 1,000억 원 이상 늘어났다.
② 농지은행사업은 은퇴농, 자경 곤란자, 이농자에게 농지를 매도하거나 임대하는 사업이다.
③ 농지은행관리원은 2023년 출범해 농지종합관리기구의 역할을 하고 있다.
④ 자연재해나 부채 등으로 경영이 어려운 농가를 지원하는 사업에는 2,900억 원 이상의 사업비가 지원된다.
⑤ 농지연금사업, 선임대후매도사업, 농업스타트업단지조성사업, 비축농지임대형스마트팜사업은 2023년 처음 도입된 사업이다.

10 한국농어촌공사가 시행하는 농지은행사업에 관한 설명으로 옳은 것을 〈보기〉에서 모두 고르면?

┌ 보기 ┌

㉠ 농지연금사업은 고령 농업인의 안정적 노후 생활을 위한 연금지급 사업으로, 가입자는 소유 농지를 담보로 월평균 98만 원의 연금을 지급받는다.

㉡ 농지규모화사업은 은퇴나 이농 전업을 희망하는 농업인의 농지를 공사가 매입한 후 청년 창업형 후계농 등 농업인에게 임차하는 것이다.

㉢ 비축농지임대형스마트팜은 농지은행이 매입한 농지에 연동형 비닐온실을 설치한 후 청년농에게 장기임대하는 것이다.

㉣ 농업스타트업단지조성사업은 농지은행이 활용도 낮은 농지를 매입, 농업생산기반을 조성해 청년농이 시설 영농을 할 수 있도록 하는 것이다.

① ㉠, ㉡, ㉢   ② ㉠, ㉢, ㉣
③ ㉡, ㉢, ㉣   ④ ㉠, ㉢
⑤ ㉡, ㉣

[11~12] 다음은 2023년 경상남도 창원시의 반려견 수 현황에 대한 자료이다. 이를 보고 이어지는 물음에 답하시오.

2023년 창원시 지역구별·등록방식별 반려견 수 현황

(단위 : 마리, 명)

지역구	내장형 등록	외장형 등록	인식표 등록	동물소유자수	동물소유자당 동물등록수
마산합포구	4,553	2,370	2,623	7,035	1.36
마산회원구	4,275	2,746	2,201	7,208	(가)
성산구	11,816	6,255	6,283	18,525	(나)
의창구	7,013	3,285	3,865	10,690	(다)
진해구	5,873	3,131	3,063	8,935	1.35

11 위 자료에 대한 설명으로 옳지 않은 것은? (단, 소수점 셋째 자리에서 반올림하여 계산한다.)

① 동물소유자당 동물등록수는 모든 지역구가 1.3마리 이상이다.

② 동물등록의 경우 외장형을 사용하는 반려견 수보다 인식표를 사용하는 반려견 수가 더 많다.

③ (가)+(나)+(다)의 값은 3.91이다.

④ 모든 지역구에서 외장형과 인식표를 사용하는 반려견의 수 합이 내장형을 사용하는 반려견 수보다 많다.

⑤ 성산구의 동물소유자수는 전체 동물소유자수의 약 35%를 차지한다.

12 위 자료를 보고 다음 그래프의 (A), (B), (C)에 해당하는 항목을 바르게 짝지은 것은?

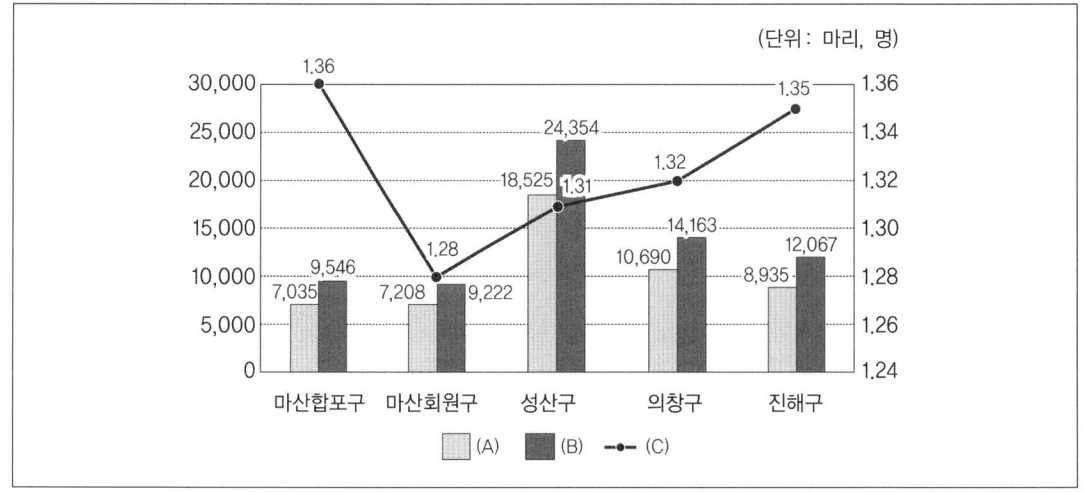

	(A)	(B)	(C)
①	동물소유자수	내장형과 외장형 동물등록수	동물소유자당 동물등록수
②	동물소유자당 동물등록수	내장형과 인식표 동물등록수	동물소유자당 동물등록수
③	동물소유자수	전체 동물등록수	동물소유자당 동물등록수
④	동물소유자당 동물등록수	전체 동물등록수	동물소유자수
⑤	동물소유자수	내장형과 인식표 동물등록수	동물소유자당 동물등록수

13 현재 승관의 나이는 엄마의 나이의 $\frac{1}{7}$ 이고, 엄마가 1살일 때, 할머니의 나이는 31살이었다. 현재 할머니, 엄마, 승관의 나이를 합하면 120살일 때, 현재 승관의 나이는?

① 5살   ② 6살

③ 7살   ④ 8살

⑤ 9살

14 다음 숫자들은 규칙을 가지고 배열되어 있다. 이때 ?에 들어갈 알맞은 숫자를 고르면?

16	52	→	24	60
32	25		40	?

① 31   ② 32

③ 33   ④ 34

⑤ 35

[15 ~ 16] 다음은 OECD 주요 국가의 평균 은퇴 연령 관련 자료이다. 이를 보고 이어지는 물음에 답하시오.

한국의 남녀 평균 은퇴 연령

(단위 : 세)

구분	2000년	2005년	2010년	2015년	2020년
남자	52.5	53.2	54.6	56.8	58.9
여자	48.0	48.5	49.7	50.6	50.5
전체	50.5	51.3	52.6	53.7	54.4

OECD 주요국의 남성 평균 은퇴 연령

(단위 : 세)

구분	2000년	2005년	2010년	2015년	2020년
멕시코	70.7	71.1	73.0	72.4	73.2
일본	65.5	66.1	69.5	69.0	70.5
아이슬란드	64.8	66.1	68.9	69.0	70.5
포르투갈	65.1	65.0	66.6	67.5	68.0
뉴질랜드	64.2	64.9	66.5	67.6	68.2
스웨덴	64.0	63.7	65.7	66.1	68.1
아일랜드	64.0	63.6	65.2	66.0	69.0
스위스	63.2	62.3	64.6	65.2	67.5
미국	63.3	62.1	63.5	64.0	66.6

15 위 자료에 대한 설명으로 옳은 것은?

① 우리나라 전체 평균 은퇴 연령은 꾸준히 증가했으며, 남자와 여자 평균 은퇴 연령 모두 같은 추이를 보인다.

② 2015년부터 OECD 주요국의 남성 평균 은퇴 연령은 65세를 넘어섰다.

③ 우리나라의 남녀 평균 은퇴 연령의 차이가 가장 크게 나타났던 해의 포르투갈 남성 평균 은퇴 연령은 66세를 넘지 않는다.

④ OECD 주요국 중 남성 평균 은퇴 연령이 70세가 넘는 국가는 2000년 1개국에서 2020년 3개국으로 늘어났다.

⑤ 2005년 기준으로 OECD 주요국 중 남성 평균 은퇴 연령이 가장 높은 국가와 가장 낮은 국가의 은퇴 연령 차이는 8세이다.

16 한국을 포함한 OECD 10개국 중 2000년 대비 2015년 남성 평균 은퇴 연령의 증가율이 두 번째로 큰 국가와 이때의 증가율을 바르게 나열한 것은? (단, 소수점 둘째 자리에서 반올림한다.)

① 뉴질랜드, 5.3%
② 일본, 5.4%
③ 아이슬란드, 6.5%
④ 미국, 8.2%
⑤ 미국, 8.1%

[17~18] 다음은 최근 7년간 기업결합 건수를 수단별 및 유형별로 정리한 표이다. 이를 보고 이어지는 물음에 답하시오.

수단별 및 유형별 기업결합

(단위 : 건수)

구분	연도	2021년	2020년	2019년	2018년	2017년	2016년	2015년
수단별	회사신설	95	96	81	74	71	80	57
	합병	138	142	153	201	127	102	99
	임원겸임	75	72	73	89	82	75	63
	주식취득	259	227	218	212	203	189	157
	영업양수	87	57	63	67	90	61	38
유형별	수직	86	63	57	88	69	79	61
	수평	189	210	189	213	203	179	143
	혼합	379	321	342	342	301	249	210

17 전체 기업결합 건수가 두 번째로 많았던 해와 가장 적었던 해를 바르게 짝지은 것은?

	두 번째로 많았던 해	가장 적었던 해
①	2018년	2015년
②	2018년	2020년
③	2021년	2016년
④	2021년	2020년
⑤	2021년	2015년

18 위 자료에 대한 설명으로 옳은 것은?

① 임원겸임에 의한 기업결합 건수가 가장 많았던 해에 혼합적 기업결합 건수도 가장 많았다.

② 수평적 기업결합 건수가 주식취득에 의한 기업결합 건수보다 많았던 해는 수직적 기업결합 건수가 조사기간 중 가장 많은 해이다.

③ 전체 기업결합 건수가 전년 대비 감소한 해에 혼합적 기업결합 건수도 전년 대비 감소하였다.

④ 혼합적 기업결합 건수가 가장 많았던 해에 수직적 기업결한 건수도 가장 많았다.

⑤ 회사신설에 의한 기업결합 건수와 임원겸임에 의한 기업결합 건수의 합이 합병에 의한 기업결합 건수보다 적었던 해에 전체 기업결합 건수가 조사 기간 중 가장 많았다.

[19~20] 다음은 2023년에 발표한 OECD 국가의 실업률과 고용률에 대한 자료이다. 이를 보고 이어지는 물음에 답하시오.

OECD 국가의 고용률 추이(만 15~64세, 계절조정, %)

| 구분 | 2018 | 2019 | 2020 | 2021 | 2022 | | | | 2023 |
					1Q	2Q	3Q	4Q	1Q
OECD 전체	65.1	65.7	66.2	66.9	66.8	66.8	67.0	67.2	67.4
(선진 7개국)	68.0	68.7	69.1	69.9	69.7	69.7	69.9	70.1	70.3
(유로지역)	63.5	63.8	64.5	65.4	65.1	65.3	65.6	65.7	65.9
미국	67.4	68.1	68.7	69.4	69.3	69.2	69.3	69.5	69.8
일본	71.8	72.8	73.4	74.4	74.1	74.2	74.6	74.7	75.0
영국	70.5	71.9	72.7	73.5	73.3	73.6	73.5	73.7	73.9
독일	73.5	73.8	74.0	74.7	74.3	74.4	74.9	75.0	74.9
프랑스	64.1	63.8	63.8	64.2	64.2	64.2	64.1	64.2	64.3
한국	64.4	65.3	65.7	66.1	65.9	65.9	66.2	66.3	66.5

OECD 국가의 실업률 추이(계절조정, %)

| 구분 | 2019 | 2020 | 2021 | 2022 | | | |
				1월	2월	3월	4월
OECD 전체	7.4	6.8	6.3	6.1	6.1	6.0	5.9
(선진 7개국)	6.4	5.8	5.5	5.3	5.2	5.1	5.0
(유로지역)	11.6	10.9	10.0	9.6	9.4	9.4	9.3
미국	6.2	5.3	4.9	4.8	4.7	4.5	4.4
일본	3.6	3.4	3.1	3.0	2.8	2.8	2.8
영국	6.1	5.3	4.8	4.6	4.6	4.5	−
독일	5.0	4.6	4.1	3.9	3.9	3.9	3.9
프랑스	10.3	10.4	10.1	9.7	9.6	9.6	9.5
캐나다	6.9	6.9	7.0	6.8	6.6	6.7	6.5
이탈리아	12.7	11.9	11.7	11.8	11.5	11.5	11.2
한국	3.5	3.6	3.7	3.6	4.0	3.7	4.0

※ 경제활동참가율 $= \dfrac{경제활동인구수}{15세\ 이상\ 인구수} \times 100$

※ 실업률 $= \dfrac{실업자수}{경제활동인구수} \times 100$

※ 고용률 $= \dfrac{취업자수}{15세\ 이상\ 인구수} \times 100$

※ 경제활동인구 = 실업자 + 취업자

19 위 자료에 대한 설명으로 적절하지 않은 것은?

① 조사기간 동안 미국의 고용률은 영국보다 항상 낮다.

② 2021년 우리나라의 실업률은 OECD 전체에 비해서는 낮으나, 일본보다는 높다.

③ 2018~2021년 선진 7개국의 고용률은 OECD 국가 전체의 고용률과 비례한다.

④ 2022년 3월 영국과 우리나라의 실업자 수가 같다고 할 때, 영국의 경제활동인구수가 우리나라보다 많다.

⑤ 2021년 미국의 실업률은 전년 대비 0.4%p 감소했다.

20 우리나라의 2022년 1분기 실업자가 15만 명이라고 할 때, 2022년 1분기 경제활동참가율은? (단, 실업률 추이에서 2022년 4월 지표를 2022년 1분기 지표로 본다.)

① 약 58%　　　　　　　　　　　② 약 60%

③ 약 63%　　　　　　　　　　　④ 약 66%

⑤ 약 69%

[21~22] 다음은 관세 체납 시 부과되는 가산금에 대한 자료이다. 이를 보고 이어지는 물음에 답하시오.

제41조 (가산금)

가. 1차가산금 : 납부기한이 지난 날부터 체납된 관세에 대하여 3%의 가산금을 징수한다.

나. 중가산금 : 납부기한이 지난 날부터 1개월이 지날 때마다 체납된 관세의 0.75%에 상당하는 중가산금을 1차가산금에 다시 더하여 징수한다. (중가산금은 60개월까지만 부과)

다. 체납된 관세(내국세가 있을 때에는 그 금액을 포함)가 100만 원 미만인 경우에는 중가산금을 비적용

제46조 (관세환급금의 환급 및 과다환급가산금)

① 세관장은 납세의무자가 관세·가산금·가산세 또는 체납처분비의 과오납금 또는 이에 따라 환급하여야 할 환급세액의 환급을 청구할 때에는 대통령령으로 정하는 바에 따라 지체 없이 이를 관세환급금으로 결정하고 30일 이내에 환급하여야 하며, 세관장이 확인한 관세환급금은 납세의무자가 환급을 청구하지 아니하더라도 환급하여야 한다.

② 세관장은 제1항에 따라 관세환급금을 환급하는 경우에 환급받을 자가 세관에 납부하여야 하는 관세와 그 밖의 세금, 가산금, 가산세 또는 체납처분비가 있을 때에는 환급하여야 하는 금액에서 이를 충당할 수 있다.

- 환급금액 = 환급금(과오납금액) + 환급가산금
- 환급가산금 = 환급금 × 과오납부한 날의 다음 날부터 환급결정을 하는 날까지의 기간/365(일) × 이자율
- ※ 이자율 : 연 2.1%(2022년 3월 20일 이후의 기간)
  - 2021년 3월 21일부터 2022년 3월 19일까지의 기간 : 연 1.8%
  - 2020년 3월 31일부터 2021년 3월 20일까지의 기간 : 연 1.6%
  - 2019년 3월 9일부터 2020년 3월 30일까지의 기간 : 연 1.8%
  - 2018년 3월 6일부터 2019년 3월 8일까지의 기간 : 연 2.5%
  - 2018년 3월 6일 이전의 기간 : 연 3.4%

---

21 A기업은 제품을 생산하기 위해 필요한 부속품을 수입하였으나 납부기한인 2022년 1월 7일까지 관세 1억 4천만 원을 납부하지 아니하고 2022년 3월 4일 현재까지 체납하였다. 이때, A기업이 2021년 12월 12일에 납부한 관세 중 2천 3백만 원이 과오납부된 사실이 확인되어 2022년 2월 22일 환급이 결정되었으며 납부한 날의 다음 날부터 환급이 결정된 날까지 73일의 기간이 소요되었다. 2022년 3월 4일 A기업이 환급금액을 관세법 제46조 제2항에 따라 납부한다고 하였을 때, A기업이 환급받게 될 금액은 얼마인가? (단, 문제에 제시된 것 이외의 A기업이 납부하여야 하는 관세와 그 밖의 세금, 가산금, 가산세 또는 체납처분비는 없다.)

① 18,672,800원　　　　　　　　② 18,769,200원

③ 18,777,800원　　　　　　　　④ 17,919,200원

⑤ 17,832,800원

22 U기업은 외국담배를 수입하였으나 납부기한인 2022년 8월 7일까지 관세를 납부하지 아니하였다. 〈보기〉를 읽고 교육세 71,120원을 제외한 관세가 92만 8천 원일 때, 2022년 9월 10일 U기업이 납부하여야 할 총 가산금을 구하면? (단, 1원 미만은 절사한다.)

┌ 보기 ┐

관세는 운임·보험료 포함 조건가격에 수입신고일의 과세환율을 적용한 금액에 해당 물품의 관세율을 곱해 산출한다. 이때, 관세에는 내국세가 포함되어 함께 부과된다. 관세법 제4조 1항에 따라 수입물품에 대해 세관장이 부과·징수하는 내국세로는 부가가치세, 지방소비세, 담배소비세, 지방교육세, 개별소비세, 주세, 교육세, 교통·에너지·환경세 및 농어촌특별세가 있다.

① 27,783원　　　　　　　　② 27,840원

③ 29,703원　　　　　　　　④ 29,711원

⑤ 29,973원

[23~24] S회사에서는 다음과 같이 생산설비 교체를 고려하고 있다. 이를 보고 이어지는 물음에 답하시오.

S회사는 플라스틱 시제품을 주문받아 생산하는 업체이다. 설계도면을 가진 회사에서 외부에 생산을 위탁하기 전에 S회사에서 시제품을 생산하고, 이를 바탕으로 설계도면을 변경하여 정식 생산을 맡기는 방식이다.

S회사는 이를 위해 플라스틱 사출기, 플라스틱 성형기를 보유하고 있다. 사출기는 하루 15시간 사용 시 한 달 기준 1,800kWh의 전기를 사용하고, 성형기는 하루 15시간 사용 시 한 달 기준 700kWh의 전기를 사용한다. 하지만 S회사는 전기료 부담을 줄이기 위해 다음과 같은 대안을 마련한 뒤 하나의 방식으로 교체를 실시하려고 한다.

• 대안 1

최근 3D 프린터 기술이 발전하면서 기존의 플라스틱 사출기와 플라스틱 성형기를 대체하여 시제품을 생산할 수 있게 되었다. 3D 프린터를 사용할 경우 기존 방식의 생산량을 위해 소요되는 전력량이 다음과 같이 감소한다.

구분	필요 전력량(한 달 기준)
3D 프린터	1,900kWh

• 대안 2

기술의 발전으로 에너지를 더 절약할 수 있는 플라스틱 사출기와 플라스틱 성형기의 신제품이 출시되었다. 기존과 동일한 시간을 사용한다고 했을 때, 소요되는 전력량은 다음과 같다.

구분	필요 전력량(한 달 기준)
플라스틱 사출기(하루 15시간 사용)	1,500kWh
플라스틱 성형기(하루 15시간 사용)	500kWh

23 S회사의 임원진은 대안 2의 사출기와 성형기의 신제품으로 생산설비를 교체하기로 결정했다. 새로운 사출기의 구입 · 설치비용은 800만 원, 새로운 성형기의 구입 · 설치비용은 700만 원이다. 최소 얼마 이상 사용해야 구입 · 설치비용을 회수할 수 있는가? (단, 전기료는 5kWh당 3,000원이다.)

① 4년
② 4년 1개월
③ 4년 2개월
④ 4년 3개월
⑤ 4년 4개월

24 전기료가 1kWh당 800원인 상황에서 1,228만 원 상당의 3D 프린터를 구입하기로 결정했다. 첫 3년간 3D프린터를 사용했을 때, 동일 기간 기존의 설비로 사용했을 때보다 몇 퍼센트(%)의 비용이 절감되는가? (단, 소수점 셋째 자리에서 반올림한다.)

① 6.94%
② 7.03%
③ 7.09%
④ 7.12%
⑤ 7.23%

[25~26] 같은 회사에 다니는 갑, 을, 병, 정, 무는 대중교통을 이용해 회사로 출근하고 있다. 출근 시 교통 관련 자료를 보고 이어지는 물음에 답하시오.

집과 회사의 거리

구분	갑	을	병	정	무
거리	8km	5km	10km	6km	16km

교통수단별 요금

지하철	버스	택시
1,250원	1,200원	기본요금 : 4,800원(2km까지) 이후 131m당 100원씩 추가

교통수단 이용 및 환승 조건

- 5명은 지하철, 버스, 택시를 모두 이용할 수 있고, 조건에서 주어지는 시간 이외의 다른 시간은 고려하지 않는다.
- 환승은 하지 않을 수도 있고, 하는 경우 1번만 한다. 환승을 하는 경우 각 교통수단은 최소 2km 이상 이용해야 한다.
- 지하철에서 버스로 환승할 때는 지하철 요금과 버스 요금의 차액을 지불해야 한다. 환승 시 소요되는 시간도 비용으로 인식되며, 1분당 200원이다. 단, 버스에서 지하철로 환승할 때는 환승비용만 발생한다.
- 지하철역은 1km마다, 버스정류장은 500m마다 하나씩 있으며, 지하철과 버스 간 환승은 지하철역과 버스정류장이 함께 있는 지점에서만 가능하다. 환승에는 5분이 소요된다.
- 택시는 버스정류장이 있는 곳에서는 버스와, 버스정류장과 지하철역이 같이 있는 곳에서는 둘 중 어느 교통수단과도 환승할 수 있다. 환승에는 3분이 소요된다.
- 집에서 나와 처음 탑승할 때 지하철은 4분, 버스는 5분, 택시는 2분을 기다려야 한다. 이 시간도 비용으로 인식되며, 1분당 400원이다.
- 한 정거장을 이동하는 데 지하철은 2분, 버스는 1분 30초가 걸린다. 택시는 1km를 이동하는 데 50초가 걸린다.

25 갑~무가 회사 출근 시 이용하는 교통수단이 다음과 같을 때, 회사에 아침 8시 50분까지 도착하기 위해 집에서 가장 일찍 출발해야 하는 사람은 누구인가? (단, 2개의 교통수단을 이용하는 경우 최단시간이 걸리게끔 이용 순서를 정한다.)

이름	갑	을	병	정	무
교통수단	지하철	버스	지하철 + 택시	지하철 + 버스	택시

① 갑
② 을
③ 병
④ 정
⑤ 무

26 갑은 버스를 이용해 출근하고, 정은 집 근처 지하철역에서 지하철을 타고 회사까지의 거리의 절반만큼을 이동한 후 버스로 환승해 출근하려고 한다. 그런데 갑, 정과 같은 방향에 사는 무가 두 사람에게 카풀을 제안했다. 만일 갑과 정이 무에게 기존 출근 시 드는 비용보다 많지 않은 차비를 제공한다면 무가 받을 수 있는 최대 금액은 얼마인가? (단, 카풀을 하는 경우 탑승대기 시간은 없다고 가정한다.)

① 6,500원
② 6,700원
③ 6,900원
④ 7,100원
⑤ 7,300원

27 다음은 밴드 동아리에 가입한 신입 회원 A, B, C, D에 대한 내용이다. 다음 중 옳은 것은?

> - 악기별 연습실 배치는 기타, 베이스, 드럼, 키보드 순서이다.
> - 각 악기별로 1명씩 신입 회원을 두고 있다.
> - A는 드럼에 소속되어 있다.
> - B는 A의 옆 연습실에 소속되어 있다.
> - 베이스는 유일하게 오후 연습이 있는 부서다.
> - C는 오후 연습을 하지 않는다.
> - D는 C의 옆 연습실에 소속되어 있다.

① B는 종종 오후 연습을 한다.
② C는 키보드 소속이다.
③ C의 소속은 알 수 없다.
④ D는 베이스 소속이다.
⑤ B의 옆 연습실에는 A와 C가 있다.

28 법무부가 10월에 정신건강의 날을 국가기념일로 제정하려고 한다. 다음과 같은 조건일 때, 정신건강의 날로 지정된 날짜와 요일은?

> - 10월 중 하루는 정신건강의 날이다.
> - 정신건강의 날 1주 전 같은 요일이 개천절이다.
> - 10월에는 다섯 번의 토요일과 네 번의 일요일이 있다.

① 10일, 일요일　　　　　② 10일, 월요일
③ 11일, 화요일　　　　　④ 11일, 수요일
⑤ 10일, 토요일

[29~30] 다음 △△은행의 직장인 우대 대출과 새희망 대출 상품 안내문이다. 이를 보고 이어지는 물음에 답하시오.

직장인 우대 대출

◇ 대출 대상자는 다음 각 호를 모두 충족하는 자로 한다.
　　1. 일반 법인기업체 또는 당행 전속 거래기업에서 1년 이상 재직하고 있는 자(단, 대표자는 제외한다.)
　　2. 연간소득 3천만 원 이상인 자

◇ 대출한도
　　개인별 대출한도는 다음 공식에 의거 산출된 금액 이내에서 최대 1억 원으로 한다.
　　대출한도 = [(연소득 × '신용등급별 가중치')와 '신용등급별 최고한도' 중 적은 금액]
　　　　　　　 − 당행 및 타 금융기관의 신용대출금액(현금서비스 포함)

　　• 신용등급별 최고한도 및 가중치

AS등급		1등급	2등급	3등급	4등급	5등급	6등급	7등급
개인	최고한도(백만 원)	100	100	100	90	80	70	60
CSS	가중치	1.80	1.60	1.50	1.35	1.20	0.70	0.45

◇ 대출기간 및 상환방법
　　1. 일시상환: 1년 이내
　　2. 할부상환: 7년 이내(거치기간 지정 불가)
　　3. 종합통장대출: 1년 이내

◇ 중도상환해약금
　　1. 중도상환해약금: 중도상환금액 × 적용요율 × (잔여기간/대출기간)

구분	가계대출		기업대출	
	부동산 담보대출	신용/기타 담보대출	부동산 담보대출	신용/기타 담보대출
적용요율	1.4%	0.8%	1.4%	1.0%

　　2. 인지세: 인지세법에 의해 대출약정 체결 시 납부하는 세금으로 대출금액에 따라 세액이 차등 적용되며, 각 50%씩 고객과 은행이 부담한다.

대출금액	인지세액
5천만 원 이하	비과세
5천만 원 초과 1억 원 이하	7만 원
1억 원 초과 10억 원 이하	15만 원
10억 원 초과	35만 원

새희망 대출

◇ 대출신청일 현재 3개월 이상 직장에 근무하고 있거나 사업을 영위하고 있는 자로서 다음 각 호의 어느 하나에 해당하는 자로 한다.
　　− 연소득 45백만 원 이하이면서 CB등급(KCB 또는 NICE 신용등급)이 6등급 이하인 자
　　− 연소득 35백만 원 이하인 자

◇ 대출한도

['연소득 × 한도 등급별 가중치'와 '한도 등급별 최고한도' 중 적은 금액]
 - 당행 및 타 금융기관 신용대출(예금담보대출 및 주택담보대출 등을 제외한 순수 신용대출 건)
 • 한도 등급별 최고한도 및 가중치

AS등급		1등급	2등급	3등급	4등급	5등급	6등급
개인 CSS	최고한도(백만 원)	100	100	80	80	70	60
	가중치	2.00	1.80	1.60	1.10	1.00	0.90

◇ 대출기간 및 상환방법

대출기간은 5년 이내(대출기간의 1/3 범위 내 최장 1년 거치 가능)로 하며 상환방법은 원(리)금균등할부상환으로 한다.

◇ 중도상환해약금

중도상환해약금은 면제한다.

◇ 특약체결

대출일부터 연체 없이 대출원리금을 성실히 납부하는 경우에는 대출 실행일로부터 3개월 단위로 0.1%p씩 감면, 대출금이자 감면 이후에 연체 발생 시에는 최초 약정 당시의 가산금리로 환원하기로 한다.

29 위 대출상품에 대한 설명으로 적절하지 않은 것은?

① 직장인 우대 대출은 새희망 대출보다 재직 기간 조건이 더 까다롭다.
② 연소득 3천만 원 미만인 자는 직장인 우대 대출을 받을 수 없다.
③ 최대한 장기간의 분할상환방식을 원하는 고객은 직장인 우대 대출 상품이 적합하다.
④ 대출기간 중에 원금을 상환하고자 하는 고객에게는 새희망 대출이 유리하다.
⑤ 새희망 대출을 4년간 분할상환조건으로 대출받은 고객이 연체 없이 대출원리금을 납부하면 최대 2.0%p 감면받을 수 있다.

30 소기업 법인의 대표인 갑의 대출 현황이 〈보기〉와 같을 때, 갑에게 적합한 상품 및 최대 대출 가능 금액을 고르면?

┌─ 보기 ┌
1. 재직기간: 1년 6개월
2. 직전년도 소득: 3,500만 원
3. AS등급: 2등급
4. 부채현황
  〈당행〉
  • 무방문e신용대출: 400만 원, 신용카드 현금서비스: 30만 원
  • 예금담보대출: 200만 원
  〈타행〉
  • 주택담보대출: 1,000만 원
  • 신용카드 카드론: 70만 원

① 직장인 우대 대출, 4,100만 원
② 직장인 우대 대출, 5,100만 원
③ 새희망 대출, 6,170만 원
④ 새희망 대출, 5,800만 원
⑤ 새희망 대출, 4,600만 원

[31~33] 다음은 ○○시에서 운영하는 모바일 민원접수 번호체계에 대한 자료이다. 이를 보고 이어지는 물음에 답하시오.

❑ 접수번호 부여 방식

• 번호 부여 체계도

[지역] – [접수시간] – [업무 카테고리] – [성별] – [연령대]
2자리   2자리   2자리   2자리   2자리

• 지역별 기준

구분	서울	경기	충청	경상	전라	강원	제주
코드	01	02	03	04	05	06	07

• 접수시간 기준

구분	9~11시	11~13시	13~15시	15~17시	17시 이후
코드	21	22	23	24	29

• 업무 카테고리 기준

구분	법정 민원	질의 민원	건의 민원	기타 민원
코드	11	22	33	44

• 성별 기준

구분	남	여
코드	01	02

• 연령대 기준

구분	10대	20대	30대	40대	50대	60대	70대 이상
코드	10	20	30	40	50	60	99

❑ 2023년 7월 4일(화) 민원 접수 현황

등급	민원 접수번호
1등급	0221110120, 0622110230, 0124110150, 0721110160, 0129110299, 0321110230, 0522110230, 0222110199, 0629110160
2등급	0523220110, 0429220299, 0124220120, 0223220230, 0629220240, 0622220120, 0429220260
3등급	0221330140, 0429330230, 0122330260, 0724330120, 0329330299, 0521330120, 0622330150, 0223330299
4등급	0129440130, 0722440250, 0324440140, 0229440150, 0521440299, 0729440160

---

31 위 자료를 참고할 때, 2023년 7월 4일 전체 민원인 중 여성 민원인의 접수비율은? (단, 소수점 첫째 자리에서 반올림한다.)

① 약 43%   ② 약 47%

③ 약 53%   ④ 약 57%

⑤ 약 60%

32 민원 접수 현황에서 등급을 나누는 기준은 무엇인가?

① 지역　　　　　　　　　　　　　② 접수시간

③ 업무 카테고리　　　　　　　　④ 성별

⑤ 연령대

33 ○○시는 모바일 민원 접수가 증가할 것으로 판단하고, 모니터링 인원을 늘리고자 한다. 위 자료를 참고했을 때, 어느 시간대에 인원을 늘리는 것이 가장 효율적인가?

① 9~11시　　　　　　　　　　　② 11~13시

③ 13~15시　　　　　　　　　　④ 15~17시

⑤ 17시 이후

[34~38] 다음은 엑셀 2021 버전의 문서 작성 화면이다. 이를 보고 이어지는 물음에 답하시오.

	A	B	C	D	E	F	G
1	[표1]		○○사 지점별 평가				
2	지점명	입고량	판매량	재고량	평가		판매량 평균
3	A	500	480	20			
4	B	650	600	50			
5	C	400	400				
6	D	250	250				
7	E	300	260	40			
8	F	450	420	30			
9	G	350	350				
10							
11							
12	[표2]		△△사 제품별 판매현황				
13	품목	수량	단가	매출액	비고		
14	구두	20	2,500	50,000			
15	원피스	32	6,200	198,400			
16	바지	15	4,200	63,000			
17	티셔츠	22	4,000	88,000			
18	운동화	12	3,600	43,200			

34 위 [표1]에서 판매량이 판매량의 전체 평균보다 크고, 재고량이 없는 지점을 찾으려 한다. 이에 해당되는 지점에는 '우수' 평가를 주고 해당되지 않는 지점에는 공백을 출력하려 할 때, [E3]셀에 들어갈 함수로 옳은 것은?

① =IF(OR(C3>AVERAGE($C$3:$C$9),ISBLANK(D3)),"","우수")

② =IF(AND(C3<AVERAGE($C$3:$C$9),ISBLANK(D3)),"우수","")

③ =IF(AND(C3<AVERAGE($C$3:$C$9),ISBLANK(D3)),"","우수")

④ =IF(AND(C3>AVERAGE($C$3:$C$9),ISBLANK(D3)),"우수","")

⑤ =IF(OR(C3>AVERAGE($C$3:$C$9),ISBLANK(D3)),"우수","")

35 위 [표1]을 참고해서 재고량이 없는 지점의 판매량 평균을 구하려 할 때, [G3]셀에 들어갈 함수로 옳은 것은?

① =COUNTIF(C3:C9,"",D3:D9)/SUMIF(D3:D9,"")

② =SUMIF(D3:D9,"",C3:C9)/COUNTIF(D3:D9,"")

③ =COUNTIF(D3:D9,"",C3:C9)/SUMIF(D3:D9,"")

④ =SUMIF(C3:C9,"",D3:D9)/COUNTIF(C3:C9,"")

⑤ =SUMIF(D3:D9,"",C3:C9)/COUNTIF(C3:C9,"")

36 다음은 [표2]의 품목과 매출액을 가지고 만든 차트이다. 이때 차트의 이름으로 옳은 것은?

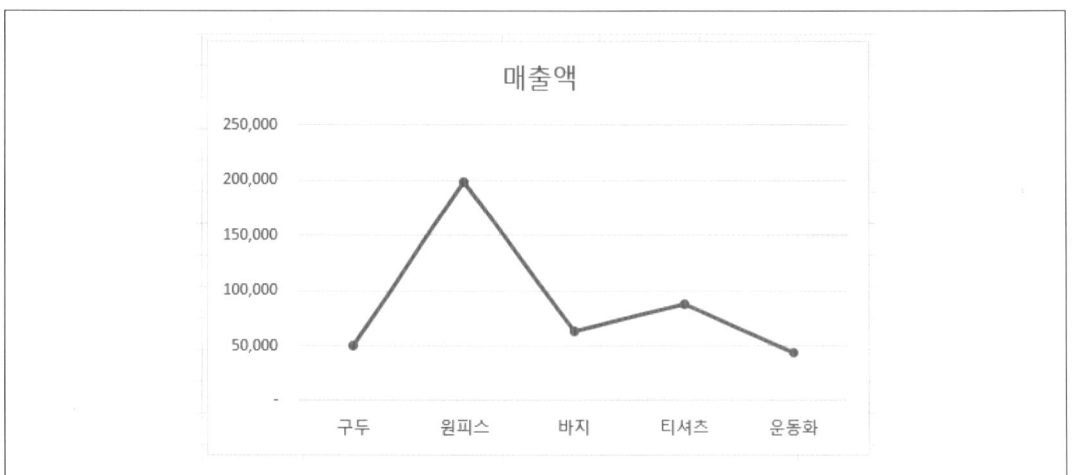

① 묶은 세로 막대형   ② 꺾은선형

③ 영역형   ④ 직선 및 표식이 있는 분산형

⑤ 방사형

37 위 [표2]의 수량이 20 이상이고, 단가가 4,000원 이상이며 매출액이 60,000원 이상인 경우 수량을 10으로 나눈 숫자만큼 '♥'를 입력하려 한다. 이때 [E14]셀에 들어갈 함수로 옳은 것은? (단, 그 외의 부분에는 '−' 표시를 한다.)

① =IF(AND(B14>=20,C14>=4000,D14>=60000),REPT("♥",B14/10),"−")

② =IF(OR(B14>=20,C14>=4000,D14>=60000),"−",REPT("♥",B14/10))

③ =IF(AND(B14>20,C14>4000,D14>60000),REPT("♥",B14/10),"−")

④ =IF(OR(B14>20,C14>4000,D14>60000),REPT("♥",B14/10),"")

⑤ =IF(AND(B14>=20,C14>=4000,D14>=60000),"−",REPT("♥",B14/10))

38 위 [표2]의 [C14:D18]에 원 단위 표시를 해주려고 한다. 이때 원 단위 적용 과정에 대한 설명으로 옳은 것은?

① 홈 탭 − 표시 형식 − 범주에서 회계 선택 − 기호로 ₩ 선택 후 확인

② 홈 탭 − 스타일 − 범주에서 통화 선택 − 기호로 ₩ 선택 후 확인

③ 홈 탭 − 표시 형식 − 범주에서 통화 선택 − 기호로 ₩ 선택 후 확인

④ 홈 탭 − 스타일 − 범주에서 회계 선택 − 기호로 ₩ 선택 후 확인

⑤ 홈 탭 − 표시 형식 − 범주에서 숫자 선택 − 기호로 ₩ 선택 후 확인

[39~40] 다음은 최근 1년간 고속도로에서 발생한 버스 사고에 관한 자료이다. 이를 보고 이어지는 물음에 답하시오.

버스 사고 접수코드 부여 방식

구분	지역 코드	구분	버스등급 코드	구분	생산국가
경부 고속도로	01	대형버스	LX	한국	KOR
호남 고속도로	02	중형버스	MX	일본	JPN
중부 고속도로	03	소형버스	SX	독일	GER
수도권 고속도로	04			미국	USA
기타 고속도로	05			프랑스	FRA

[지역] − [버스등급] − [사상자 수] − [버스 제조년월] − [버스 생산국가]

최근 1년간 버스 사고 발생 현황

01 − MX − 16 − 1412 − JPN	03 − MX − 18 − 1812 − JPN
03 − LX − 40 − 1911 − KOR	05 − SX − 05 − 2112 − USA
02 − LX − 42 − 1610 − KOR	04 − SX − 02 − 1807 − GER
01 − MX − 20 − 1705 − JPN	03 − LX − 45 − 1511 − JPN
03 − LX − 38 − 2011 − FRA	01 − SX − 03 − 2011 − GER

- 예시: 01 − LX − 21 − 1801 − KOR

  경부 고속도로 사고로 21명이 죽거나 다쳤으며, 사고버스는 2018년 1월에 한국에서 생산된 대형버스이다.

39 위 자료를 참고했을 때, 최근 1년간 버스 사고가 가장 많이 발생한 지역의 사고 발생 비율은 얼마인가?

① 20% ② 30%
③ 40% ④ 50%
⑤ 60%

40 위 자료에 대한 분석으로 옳지 않은 것은?

① 2020년 이전 생산된 버스의 사고발생 건수는 7건이다.
② 가장 많은 사상자가 발생한 버스 사고의 사고 버스는 한국에서 생산됐다.
③ 대형 버스의 사고 발생 건수가 가장 많다.
④ 경부, 호남, 중부를 제외한 고속도로에서 일어난 사고는 각각 1건이다.
⑤ 미국과 프랑스에서 생산된 버스의 사고 발생 건수는 각각 1건이다.

[41~50번]

※ 경상, 법정, 농학, 전산 등의 분야 지원자는 〈자원관리능력〉을, 토목일반, 조경, 도시계획, 기계, 전기, 건축, 지질, 환경 등의 분야 지원자는 〈기술능력〉을 풀기 바랍니다.

자원관리능력

[41~42] 카페 프랜차이즈 H사에서는 △△시에 새로운 점포를 내기 위해 입지 후보군을 6개 항목별로 다음과 같이 평가하였다. 이 평가자료를 보고 이어지는 물음에 답하시오.

구분	유동인구	상권 매력도	경쟁점포 비교	성장 가능성	주거시설 근접성	교통
A지역	5	6	7	5	7	4
B지역	8	7	2	2	6	7
C지역	9	3	2	5	1	8
D지역	6	8	6	8	5	7
E지역	3	5	7	7	5	4

※ 각 항목은 10점 만점이며, 총점은 60점 만점이다.

41 위 평가자료에 따라, 총점이 높은 두 개 지역을 선정해 점포를 내기로 했다. 이때 선정되는 지역은?

① A, B지역 ② A, D지역
③ B, E지역 ④ C, D지역
⑤ C, E지역

42 위 평가자료의 항목들에 다음과 같이 가중치를 적용, 총점을 다시 계산하여 총점이 높은 두 개 지역을 선정해 점포를 내기로 방침을 바꾸었다. 이때 선정되는 지역은?

	유동인구	상권 매력도	경쟁점포 비교	성장 가능성	주거시설 근접성	교통
가중치(%)	20	15	10	10	25	20

① A, D지역 ② A, E지역
③ B, C지역 ④ B, D지역
⑤ D, E지역

[43~44] ○○공사에서 근무 중인 K과장은 스위스 취리히에서 열리는 세미나에 참석하려 한다. 다음 세미나 일정 및 항공편 정보를 보고, 이어지는 물음에 답하시오.

세미나 정보

1. 세미나 기본정보
- 세미나 일정: 8월 28일~30일
- 세미나 장소: 스위스 취리히 H호텔 콘퍼런스룸
  (세미나 장소인 H호텔은 취리히 공항에서 1시간 거리에 있음)

2. 상세 일정

구분	8.28.	8.29.	8.30.
오전(9:00 ~ 12:00)	개회식	Session 2	Session 4
점심(12:00 ~ 13:30)			
오후(13:30 ~ 18:00)	Session 1	Session 3	폐회식
저녁(18:00 ~ 20:30)	환영회	만찬	

출국편 항공

항공편	출발지	출발시간	도착지	도착시간	소요시간	가격	비고
0122	인천	8.27. 22:00	취리히	8.28. 06:30	15시간 30분	1,200,500원	1회 경유
0427	인천	8.28. 01:20	취리히	8.28. 06:20	12시간 00분	1,425,000원	직항
0380	인천	8.27. 21:10	취리히	8.28. 06:40	16시간 30분	1,208,000원	1회 경유
0230	인천	8.27. 21:00	취리히	8.28. 07:00	17시간 00분	985,000원	1회 경유

입국편 항공

항공편	출발지	출발시간	도착지	도착시간	소요시간	가격	비고
0520	취리히	8.30. 14:20	인천	8.31. 08:20	11시간 00분	1,232,000원	직항
0115	취리히	8.30. 14:25	인천	8.31. 13:25	16시간 00분	900,500원	1회 경유
0622	취리히	8.30. 14:40	인천	8.31. 12:40	15시간 00분	1,108,000원	1회 경유
0502	취리히	8.30. 15:05	인천	8.31. 09:05	11시간 00분	1,350,000원	직항

※ 입출국 과정에 1시간 30분이 소요된다.
※ 출발 및 도착시간은 모두 현지시각 기준이다.

43 K과장은 세미나 개회식에는 꼭 참석하려 하고, 일정이 촉박해 폐회식까지는 보지 못하더라도 Session 4까지는 참석한 후 귀국하려고 한다. 이 일정에 맞는 항공편을 예약할 때, 왕복하는 데 지불해야 하는 항공권의 최저 가격은 얼마인가?

① 1,885,500원 ② 2,093,000원

③ 2,308,500원 ④ 2,432,500원

⑤ 2,533,000원

44 K과장은 8월 27일 오후 9시~10시에 서울 본사 사무실에 열리는 미팅이 급하게 잡혀, 이 미팅에 반드시 참석해야 한다. 또한, 8월 31일 오후 2시에 본사에서 열리는 회의에도 참석해야 한다. 이 일정에 맞는 항공편을 예약할 때, 왕복하는 데 지불해야 하는 항공권의 최저 가격은 얼마인가? (단, 이때 세미나 일정 일부에 참여하지 못하는 것은 상관없다. 또한 인천공항과 서울 본사는 30분 거리에 있다.)

① 1,885,500원 ② 2,325,500원

③ 2,432,500원 ④ 2,550,500원

⑤ 2,657,000원

[45~46] ○○공사 갑 부서에서는 '올해의 공사 우수 사원 선발'에 부서원을 추천하려고 한다. 인사팀에서 제시한 다음 선발 기준에 따라 추천 과정을 진행하려고 할 때, 이어지는 물음에 답하시오.

◎ 5가지 항목에 대한 사원별 평가 점수에 다음과 같이 가중치를 부여한다.

근무태도	조직적응	업무능력	업무성과	제안채택
10%	15%	25%	30%	20%

◎ 사원별 점수

이름	근무태도	조직적응	업무능력	업무성과	제안채택
A	10	9	7	9	7
B	5	7	9	6	4
C	7	8	10	7	7
D	6	4	9	8	8
E	10	6	8	9	7
F	6	7	7	7	6
G	5	6	8	8	10

- 각 항목은 10점 만점이다.
- 두 가지 이상 항목의 점수가 5점 이하인 사원은 추천하지 않는다.
- 근무태도와 조직적응 점수의 합이 12점 이하인 사원은 추천하지 않는다.
- 가중치를 부여한 점수 합이 같을 경우 업무성과 점수가 높은 사원을 추천한다.

45 위 기준에 따라 가중치를 적용한 점수의 총합 순대로 상위 2명을 선정해 우수 사원으로 추천하려고 할 때, 추천되는 사람은?

① A, E
② A, F
③ B, G
④ C, F
⑤ D, E

46 갑 부서 부서장이 추천 대상자를 선정하여 통보하기 전 인사팀에서 새로운 기준을 〈보기〉와 같이 제시하였다. 이 기준에 맞추어 갑 부서에서 우수 사원 선발에 추천할 부서원은?

┌ 보기 ┐

- 제안채택 점수는 항목에서 제외하고, 점수 가중치를 다음과 같이 수정하여 부여한다.

근무태도	조직적응	업무능력	업무성과
10%	20%	40%	30%

- 나머지 조건은 동일하게 적용한다.
- 부서별로 1명만 추천한다.

① A
② B
③ C
④ D
⑤ E

[47~48] ○○공사의 스마트팜 설비업체 선정 입찰공고가 다음과 같을 때, 이어지는 물음에 답하시오.

1. 공고내용
- 입찰건명: 2023년 스마트팜 설비 설치
- 계약기간: 계약체결일부터 2023년 12월 31일까지
- 사업예산: 8,000만 원(VAT 등 모든 비용 포함)
- 납품장소: 공사가 지정하는 장소
- 입찰방법: 기술평가(상세한 평가기준은 아래 참고)

2. 평가기준
- 기술평가 점수가 가장 높은 업체가 우선협상 대상자가 된다.(단, 동점이 나오는 경우 가격이 낮은 업체가 대상자가 된다.)
- 기술평가 항목은 가격, 성능, 2022년 실적 건수이고 각각의 비중은 아래와 같다.

3. 기술평가 항목
- 평가항목과 배점 비율

평가항목	가격	성능	2022년 실적 건수
배점 비율	30%	40%	30%

- 가격 점수

가격(만 원)	5,500 미만	5,500 이상 6,500 미만	6,500 이상 7,000 미만	7,000 이상 7,500 미만	7,500 이상 8,000 미만	8,000 이상
점수	100	90	80	70	60	50

- 2022년 실적 건수 점수

건수(건)	41 이상	31 ~ 40	21 ~ 30	16 ~ 20	11~ 15	10 이하
점수	100	90	80	70	60	50

※ 성능 점수는 원점수를 그대로 반영하며, 평가항목 각각의 점수는 100점 만점으로 한다.

47 입찰 공고 결과 A ~ E 5개 업체가 지원하였다. 업체 정보와 기술평가 점수가 다음과 같을 때, ○○공사가 우선협상하게 될 업체는?

업체	가격(만 원)	성능(점)	2022년 실적 건수(건)
A사	7,850	90	28
B사	7,340	80	12
C사	6,885	80	25
D사	8,200	90	42
E사	7,950	100	30

① A ② B ③ C
④ D ⑤ E

48 경영진의 요구로 평가항목 비율을 조정하여 가격 점수의 배점 비율을 40%로 높이고, 2022년 실적 건수 점수의 배점 비율은 20%로 낮췄다. 위 47번 문제에 제시된 A ~ E 업체를 재평가할 때, 우선협상 대상자로 선정되는 업체는?

① A ② B ③ C
④ D ⑤ E

[49~50] △△공사 창립기념일을 맞아 총무팀 홍 사원은 직원들에게 나누어 줄 기념 선물로 수건 세트를 기획하고 있다. 다음 관련 자료를 보고 이어지는 물음에 답하시오.

수건 세트 기념품 제작 업무를 담당하게 된 홍 사원은 견적을 내 상사인 정 과장에게 결재를 받으려 한다.
홍 사원이 조사한 수건 선물세트 제작 견적은 아래와 같다.

1. 수건 비용(1장당)

구분	A사	B사	C사	D사
30수 수건	1,500원	1,600원	1,550원	1,600원
40수 수건	1,850원	1,850원	1,900원	1,750원

※ 세트는 수건 3장으로 구성되는데, 30수 수건 3장 세트, 40수 수건 3장 세트로만 제작 가능하다.

2. 포장 상자 추가비용(개당)

구분	A사	B사	C사	D사
종이 상자	200원	180원	220원	180원
리본 상자	280원	340원	240원	360원
고급한지 상자	300원	350원	310원	420원

※ 수건 세트 가격: 수건 비용＋포장 상자 추가비용

3. 각 제조사별 참고 사항
   A사: 동일제품 200세트 이상 주문 시 상자 가격 개당 50원 할인
   B사: 동일제품 300세트 이상 주문 시 수건 가격 5% 할인 적용
   C사: 동일제품 100세트 이상 주문 시마다 3만 원 할인
   D사: 별도 할인 없음

---

49 홍 사원은 40수 수건 500세트를 제작하려고 한다. 최대한 저렴하게 제작하려고 할 때, 제작비가 가장 적게 드는 업체와 이때의 제작비를 구하면?

① A사, 2,850,000원
② B사 2,720,000원
③ B사, 2,685,000원
④ D사 2,705,000원
⑤ D사, 2,715,000원

50 총무팀 회의를 통해 직원 선물용으로 40수 수건 300세트, 외부 선물용으로 30수 수건 150세트를 제작하기로 했다. 직원 선물용 포장은 가장 저렴한 것으로, 외부 선물용 포장은 리본 상자 포장을 선택하려한다. 이 경우, 제작비용이 가장 저렴한 업체부터 차례대로 배열한 것은?

① C － D － B － A
② D － C － B － A
③ C － B － D － A
④ D － B － C － A
⑤ B － C － A － D

기술능력

[41~43] 다음은 △△전자 냉온정수기 구매 시 받은 고장 관련 설명서이다. 이를 보고 이어지는 물음에 답하시오.

○ 고장신고 전 확인사항

증상	확인사항	조치사항
물에서 불쾌한 맛·냄새가 나요	장기간 정수기를 사용하지 않았나요?	저장된 냉·온수 탱크의 물을 버린 후 냉수 탱크를 청소해 주십시오.
	필터를 교체할 시기가 되지 않았나요?	정품필터로 교체해 주세요.
	온수를 오랫동안 사용하지 않았나요?	온수 탱크의 물을 뒤쪽 온수 배수 호스로 빼주시고, 평소에 온수를 자주 사용해 주십시오.
물이 안 나와요.	원수 공급이 원활한가요?	• 원수 공급 밸브를 열어주세요. • 급수 호스가 꺾이지 않는지 확인해 주세요. • 단수가 되지는 않았는지 확인해 주세요.
	냉수는 나오는데 온수는 나오지 않나요?	• 온수 동작 레버를 민 상태에서 온수 안전 버튼을 눌러주세요. • 온수 램프가 적색으로 되어 있는지 확인해 주세요. • 전원이 들어오는지 확인해 주세요.
	온수·냉수 동작 레버가 고장인 것 같나요?	고객상담실로 연락해 주십시오.
온수 온도가 낮아요.	온수 램프가 켜져 있나요?	온수 버튼을 눌러 온수 램프를 켜주세요.
	다량의 온수를 취수하셨나요?	온수 탱크 용량 이상 취수 시에는 재가열시간(약 30분)이 필요합니다.
	정수온도로 나옵니까?	제품 뒤쪽의 온수 버튼을 눌러 꺼주시고, 고객상담실로 연락해 주십시오.
소음이 심하게 나요.	제품이 설치된 바닥면이 평평한가요?	바닥이 평평하고 견고한 곳에 설치해 주세요.
	다른 물건과 닿아 있나요?	다른 물건과 접촉하지 않도록 해주세요.
	콕크에서 물을 취수한 후 소음이 나나요?	정수기는 수도 직결식 방식이기 때문에 콕크를 통해 정수가 빠져나가면 곧바로 물이 채워집니다. 소음 발생은 냉수 탱크에 물이 유입되는 소리이며, 정상적인 정수 유입음입니다.

○ 소비자 피해보상 안내

소비자 피해유형			보상내역	
			보증 기간 이내	보증 기간 경과 후
정상적인 사용상태에서 자연 발생한 성능, 기능상의 고장 발생 시	구입 10일 이내에 중요한 수리를 요하는 경우		제품 교환 또는 구입가 환불	
	구입 1개월 이내에 중요 부품에 수리를 요하는 경우		재품 교환 및 무상수리	
	교환된 제품이 1개월 이내에 중요한 수리를 요하는 경우	교환 불가능 시	구입가 환불	
	동일하자에 대하여 수리했으나 고장이 재발(3회째)		무상수리	
	여러 부위의 고장으로 총 4회 수리받았으나 고장이 재발(5회째)	수리 불가능 시	제품 교환 또는 구입가 환불	
	수리용 부품을 보유하고 있지 않아 수리가 불가능한 경우	소비자가 수리 의뢰한 제품을 사업자가 분실한 경우	제품 교환	정액 감가상각한 금액에 구입가의 10%를 가산하여 환불
	제품구입 시 운송과정 및 제품 설치 중 발생된 피해			
소비자의 고의, 과실에 의한 성능 기능상의 고장	수리가 가능한 경우		유상수리	유상수리
	수리용 부품을 보유하고 있지 않아 수리가 불가능한 경우		유상수리에 해당하는 금액징수 후 제품 교환	유상수리 금액 징수 후 감가상각 적용 제품 교환

41 위 고장 관련 설명서의 내용과 일치하는 것은?

① 정품필터를 주기적으로 교체해 줘야 소음이 심하게 나지 않는다.
② 냉수는 나오지만 온수가 나오지 않을 경우 고객상담실로 연락해야 한다.
③ 장기간 정수기를 사용하지 않을 경우 물에서 불쾌한 맛이나 냄새가 날 수 있다.
④ 급수 호스가 꺾이면 냉수는 나오지만 온수가 안 나올 수 있다.
⑤ 보증 기간 이내에 소비자의 실수로 정수기가 고장 났으나 수리가 불가능한 경우 제품을 교환 또는 구입가로 환불해 준다.

42 R씨는 정수기 구매 후 여러 부위에서 계속되는 고장으로 네 번이나 수리를 받았으나 다시 고장이 났다. 이때 R씨가 수리가 불가능한 해당 정수기에 대해 보증 기간 이내에 받을 소비자 피해보상으로 옳은 것은?

① 유상수리   ② 제품 교환
③ 무상수리   ④ 제품 교환 또는 구입가 환불
⑤ 구입가 환불

43 J씨는 6년간 사용한 정수기 온수가 정수온도로 나오자 수리를 의뢰했는데, 사업자가 해당 정수기를 분실하게 되었다. 이때 보증 기간이 경과한 J씨가 받을 보상 금액으로 옳은 것은? (단, 취득원가는 500,000원이며 잔존가치가 없는 10년간 사용 가능한 유형의 자산이다.)

$$감가상각비 = \frac{취득가액 - 잔존가치}{사용 \ 가능 \ 기간}$$

① 200,000원

② 250,000원

③ 300,000원

④ 350,000원

⑤ 400,000원

[44~45] 다음 자료는 지속 가능한 발전에 대한 내용이다. 이를 보고 이어지는 물음에 답하시오.

벤치마킹은 경영전략기법 중의 하나로 기업이 다른 기업이나 경쟁기업의 제품이나 조직의 강점을 분석해서 그것을 보고 배우는 것을 말한다. 이는 타사의 제품을 몰래 복제하거나 특허를 침해하는 범죄행위와는 구별되며, 자신의 환경에 적합한 기술로 새롭게 재창조하는 것을 의미한다.

한편, 벤치마킹의 종류는 비교대상에 따른 분류와 수행 방식에 따른 분류로 나눌 수 있다. 비교대상에 따른 분류에는 내부 벤치마킹, 경쟁적 벤치마킹, 비경쟁적 벤치마킹, 글로벌 벤치마킹이 있고, 수행 방식에 따른 분류에는 직접적 벤치마킹과 간접적 벤치마킹이 있다.

- 내부 벤치마킹 : 같은 기업 내의 다른 지역, 타 부서, 국가 간의 유사한 활용을 비교 대상으로 한다. 자료 수집이 용이하며 다각화된 우량기업의 경우 효과가 큰 반면 관점이 제한적일 수 있고 편중된 내부 시각에 대한 우려가 있다는 단점을 가지고 있다.
- 경쟁적 벤치마킹 : 동일업종에서 고객을 직접적으로 공유하는 경쟁기업을 대상으로 한다. 경영 성과와 관련된 정보 입수가 가능하며, 업무/기술에 대한 비교가 가능한 반면 윤리적인 문제가 발생할 소지가 있으며, 대상의 적대적 태도로 인해 자료 수집이 어렵다는 단점이 있다.
- 비경쟁적 벤치마킹 : 제품, 서비스 및 프로세스의 단위 분야에 있어 가장 우수한 실무를 보이는 비경쟁적 기업 내의 유사 분야를 대상으로 한다. 혁신적인 아이디어의 창출 가능성은 높은 반면 다른 환경의 사례를 가공하지 않고 적용할 경우 효과를 보지 못할 가능성이 높다.
- 글로벌 벤치마킹 : 프로세스에 있어 최고로 우수한 성과를 보유한 동일업종의 비경쟁적 기업을 대상으로 한다. 접근 및 자료 수집이 용이하고 비교 가능한 업무/기술 습득이 상대적으로 용이한 반면, 문화 및 제도적인 차이로 발생되는 효과에 대한 검토가 없을 경우, 잘못된 분석결과가 발생할 가능성이 높다.
- 직접적 벤치마킹 : 벤치마킹 대상을 직접 방문하여 수행하는 방법이다. 직접 접촉하여 자료를 입수하고 조사하기 때문에 정확도와 지속 가능한 점에서 장점이 있는 반면, 벤치마킹 대상 선정이 어렵고 수행비용 및 시간이 과하게 소요된다.
- 간접적 벤치마킹 : 인터넷 및 문서형태의 자료를 통해서 수행하는 방법이다. 벤치마킹 대상의 수에 제한이 없고 다양하며, 비용 또는 시간적 측면에서 상대적으로 많이 절감할 수 있다는 장점이 있는 반면, 벤치마킹 결과가 피상적이며 정확한 자료의 확보가 어렵고, 특히 핵심자료의 수집이 상대적으로 어렵다는 단점이 있다.

이 밖에도 업종과 관계없이 문제가 되는 부문의 최우수 기업을 대상으로 하는 기능 벤치마킹과 내부, 경쟁적, 기능 벤치마킹을 종합한 원천적 벤치마킹이 있다.

44 위 자료에 대한 설명으로 옳지 않은 것은?

① 프로세스에 있어 최고로 우수한 성과를 보유한 동일업종의 비경쟁기업을 대상으로 하는 벤치마킹은 비경쟁적 벤치마킹이다.

② 원천적 벤치마킹은 기능 벤치마킹, 경쟁적 벤치마킹, 내부 벤치마킹을 합친 것이다.

③ 벤치마킹은 타사의 제품을 복제하는 것이 아니라 자신의 환경에 맞게 새롭게 재창조하는 것이다.

④ 인터넷을 통해서 자료를 조사할 수 있지만 정확한 자료의 확보가 어려운 것은 간접적 벤치마킹의 특징이다.

⑤ 같은 기업 내에서 벤치마킹을 할 경우 관점이 제한적일 수 있다.

45 제주도에서 귤 농사를 하는 R씨가 〈보기〉와 같이 벤치마킹을 했다고 할 때, 이에 해당하는 벤치마킹으로 가장 옳은 것은?

┌ 보기 ┌
R씨는 이탈리아 쥐트티롤에서 배워 온 사과 고밀식 재배 기법을 단순 적용하지 않고 우리나라 실정에 맞게 재배 기법을 변형하여 국내에서 고수익을 올린 것으로 유명하다. 그는 수개월간의 노력 끝에 이탈리아의 기후, 토양의 질 등과는 다른 우리나라 환경에 적합한 사과를 재배하기 위해 토질, 생육기간, 배양액의 농도, 조도시간과 당도까지 최적의 조건을 연구함으로써 국내 최고의 질을 자랑하는 사과를 출하할 수 있게 되었다.

① 간접적 벤치마킹   ② 글로벌 벤치마킹
③ 경쟁적 벤치마킹   ④ 기능 벤치마킹
⑤ 비경쟁적 벤치마킹

[46～48] 다음은 △△전자 노트북 구매 시 받은 안내문이다. 이를 보고 이어지는 물음에 답하시오.

1. 노트북 사용 시 주의사항

◎ 노트북 어댑터 연결 시 충전 표시등

상태	충전 표시등
충전 중	빨간색 또는 주황색
충전 완료	파란색
노트북 어댑터가 빠져 있는 경우	꺼짐

◎ 노트북 어댑터 주의사항
- 노트북 어댑터에 연결되는 전원 케이블은 확실하게 밀착시켜 꽂아 주세요. 헐거워질 경우 접촉 불량에 의해 화재가 발생할 우려가 있습니다.
- 구입 시 제공된 어댑터를 연결해서 사용하세요. 다른 어댑터를 연결할 경우 화면이 깜빡이는 현상이 나타날 수 있습니다.
- 전원 케이블 및 노트북 어댑터에 무거운 물건을 올려놓거나, 밟거나, 날카로운 물건에 찍히지 않도록 주의하세요. 코드가 손상될 경우 감전, 화재의 우려가 있습니다.
- 노트북이 켜진 상태에서 장시간 통풍구 및 어댑터 등에 인체 부위가 닿지 않도록 주의하세요. 통풍구 및 어댑터 등에 인체가 인접한 상태로 장시간 노출될 경우 화상의 우려가 있습니다.

2. 제품 하자 시 안내사항

◎ 서비스를 요청하시기 전 수수료 부과에 대해 꼭 알아 두세요!
- 수수료가 부과되는 경우
  ① 바이러스 혹은 악성코드의 감염으로 수리를 요청하는 경우
  ② 고객의 과실로 인하여 장애가 발생한 경우
  ③ 제품 패스워드 혹은 하드디스크 패스워드를 잊어버려 수리를 요청하는 경우
  ④ 특별한 문제는 없지만 서비스 엔지니어의 방문 점검 또는 사용설명을 요구하는 경우
- 수수료가 부과되지 않는 경우
  ① 다른 회사의 옵션카드 사용으로 인한 불량 및 옵션카드를 추가 설치할 때 불량이 발생한 경우
  ② 고객이 구입한 추가 부품(메모리, 하드디스크, CD-ROM, DVD 등)에 대한 장착을 요청하는 경우
  ③ 고객이 구입한 새로운 장치를 설치 요청하거나 문의하는 경우(단, 판매처에서 사은품으로 제공한 장치를 설치 요청할 때는 수수료가 부과됩니다.)

◎ 그 밖의 주의사항
- 제품의 수리를 의뢰할 경우, 서비스를 받는 동안 기록매체의 데이터가 손상될 수 있으므로 서비스를 요청하기 전에 반드시 백업을 해 두시기 바랍니다.
- 하드디스크 암호를 잊어버리면 복구가 불가능할 수 있으므로, 암호는 항상 안전한 곳에 기록해 두시기 바랍니다.
- 위와 같은 이유로 하드디스크를 사용할 수 없는 경우에는 유상으로 하드디스크를 교체해야 하므로 주의하세요.

◎ 소비자 피해유형별 보증내역

구분		보증내역	
		품질보증기간 이내	품질보증기간 이후
구입 후 1개월 이내에 중요한 수리를 요할 때		제품 교환 및 무상수리	해당 없음
교환된 제품이 1개월 이내에 중요한 수리를 요할 때		구입가 환급	해당 없음
수리 가능	동일 하자로 2회까지 고장 발생 시	무상수리	유상수리
	동일 하자로 3회째 고장 발생 시	제품 교환 또는 구입가 환급	유상수리
	서로 다른 하자로 5회째 고장 발생 시	제품 교환 또는 구입가 환급	유상수리
교환 불가능 시		구입가 환급	해당 없음
수리용 부품은 있으나 수리 불가능 시		제품 교환 또는 구입가 환급	정액 감가상각 후 환불

46 위 안내문의 내용과 일치하지 않는 것은?

① 제품의 수리를 의뢰할 경우, 서비스를 받기 전에 반드시 백업을 해야 한다.
② 판매처에서 사은품으로 제공한 장치를 설치 요청할 때는 수수료가 부과되지 않는다.
③ 서비스 엔지니어의 방문 점검을 요청할 경우, 특별한 문제가 없으면 수수료가 부과된다.
④ 직접 구매한 메모리의 장착을 요청하는 경우 별도의 수수료가 부과되지 않는다.
⑤ 하드디스크 암호를 잊어버려 수리를 요청할 경우 하드디스크 교체는 유상으로 가능하다.

47 노트북 어댑터에 관한 설명으로 옳지 않은 것은?

① 노트북 어댑터에 손이 장시간 닿아 있게 되면 화상을 입을 수 있다.
② 노트북 어댑터 연결 시 충전 표시등이 파랗게 된다면 충전이 완료된 것이다.
③ 화상의 우려가 있으므로 노트북 어댑터에 연결되는 전원 케이블은 반드시 밀착시켜 꽂아야 한다.
④ 노트북 어댑터가 날카로운 물건에 찍히거나 밟히지 않도록 주의한다.
⑤ 구입 시 제공된 노트북 어댑터가 아닌 다른 어댑터를 노트북에 연결하면 화면이 깜빡이는 현상이 나타날 수 있다.

48 노트북 부품의 고장 발생 시, 제품교환을 받을 수 있는 경우는?

① 구입 후 30일째에 중요한 수리를 요할 때
② 교환한 지 60일째에 중요한 수리를 요할 때
③ 동일 하자로 2회째 고장 발생 시
④ 교환한 지 20일째에 중요한 수리를 요할 때
⑤ 동일 하자로 1회째 고장 발생 시

[49~50] 김치냉장고를 구입하자마자 냉장이 되지 않는 현상이 발생하였다. 다음 김치냉장고 설명서를 보고 이어지는 물음에 답하시오.

제품 증상에 따른 조치 사항

증상	조치
소음과 악취	• 평평한 바닥에 있는지 먼저 확인한다. • 필터의 먼지 상태를 확인하고, 필터가 눅눅한지 확인한다.
차가운 바람이 안 나옴	• 냉장 조절장치를 "강"으로 조절한 뒤, 배기구를 확인한다. • 김치냉장고 상부에 오류 "FR"이 뜨는지 확인한다. • 후면에 있는 냉각수의 총량을 확인한다.
냉장이 되지 않음	• "온도 유지" 체크가 되어 있는지 확인한다. • "재가동" 모드로 설정되어 있는지 확인한다.
작동하지 않음	• 전원 코드가 제대로 꽂혀 있는지 확인한다. • 전원 스위치를 제대로 작동시킨다. • 상부 필터와 하부 필터 간의 결합 위치를 확인한다.

보증기간에 따른 소비자 피해 보상

소비자 피해 유형		보상 및 처리	
구분	세부 유형	보증기간 3년 이내	보증기간 3년 이후
정상적으로 사용했으나 제품 이상으로 인한 고장 발생	제품 수리가 가능한 경우	무상 수리	–
	제품 수리가 불가능한 경우	유상 수리 비용 부담 후 일부 환급	정액 감가상각한 금액에 5% 가산해 환급
	구입 후 제품 운송 또는 설치 과정에서 문제가 발생한 경우	동일제품 교환	–
소비자 과실로 인한 고장	구입 후 일주일 이내	동일제품 교환, 환불	환불 시 기존의 금액에 20% 차감하여 환급
	구입 후 한 달 이내	동일제품 교환, 무상 수리	–
	제품 하자 발생	무상 수리	–
	제품 수리 불가능	제품 교환, 환불 불가	–

49 위 설명서에 따라 올바른 조치를 취한 것은?

① "온도 유지" 체크가 되어 있는지 확인한다.
② 냉장 조절장치를 강으로 조절한 뒤, 배기구를 확인한다.
③ 상부 필터와 하부 필터 간의 결합 위치를 확인한다.
④ 필터의 먼지 상태를 확인하고, 필터가 눅눅한지 체크한다.
⑤ 평평한 바닥에 있는지 먼저 확인한다.

50 원인 분석 후 3주 동안 잘 사용하였지만, 김치냉장고 위에 뜨거운 물을 쏟아 고장이 발생하였다. 이때 A/S 신청 시 어떠한 보상이나 처리를 받을 수 있는가?

① 정액 감가상각한 금액에 5% 가산해 환급받을 수 있다.
② 수리 시 수리비를 일부 지원받을 수 있다.
③ 동일제품으로 교환이 가능하다.
④ 환불 시 기존의 금액 중 20%를 차감하여 환급받는다.
⑤ 유상 수리를 받을 수 있다.

한국농어촌공사

직업기초능력평가

박문각

한국농어촌공사

직업기초능력평가

봉투모의고사

/

정답 및 해설

박문각

제1회 직업기초능력평가

01. ②	02. ②	03. ⑤	04. ⑤	05. ④
06. ③	07. ④	08. ③	09. ③	10. ③
11. ④	12. ②	13. ⑤	14. ①	15. ⑤
16. ④	17. ⑤	18. ⑤	19. ④	20. ④
21. ⑤	22. ④	23. ②	24. ①	25. ⑤
26. ④	27. ①	28. ③	29. ③	30. ③
31. ⑤	32. ⑤	33. ②	34. ①	35. ①
36. ①	37. ⑤	38. ①	39. ③	40. ②

자원관리능력

41. ②	42. ④	43. ①	44. ④	45. ①
46. ④	47. ⑤	48. ④	49. ④	50. ②

기술능력

41. ⑤	42. ④	43. ③	44. ②	45. ④
46. ⑤	47. ①	48. ①	49. ②	50. ②

01 ▸ ②

빈칸 뒤에 타의적 죽음과 자의적 죽음에 대한 설명이 나오는데, 그 원인 및 과정, 형태 모두 다른 것을 알 수 있다.

02 ▸ ②

정상과학에서는 과학 내적 요인들이 우선하지만, 신구 패러다임이 대립하는 혁명적 상황에서는 오히려 철학적·종교적·사상적·미적 요소와 같은 과학 외적 요소들이 더 중요한 역할을 한다고 서술하고 있으므로, ②는 틀린 내용이다.

03 ▸ ⑤

⑤ 카오스계는 부정확성이 빠르게 증가하는 물리계이고 예측 가능성이 지극히 제한적인 특징이 있다고 하였다. 따라서 예측이 자신의 주요 임무라고 생각하는 과학자에게는 카오스계의 존재가 부담이 될 것이다.
① 카오스 현상은 예측 불가능한 물리계이다. 예측 불가능의 이유는 초기 조건이 민감하기 때문이지, 물리 현상이 인과법칙을 따르지 않기 때문은 아니라고 하였다. 즉, 사소한 요인으로 인해 물리 현상이 교란되기 때문은 아니다.
② 지구 대기 같은 복잡한 물리계만이 카오스계에 속하는 것이 아닌 연결된 한 쌍의 진자(두 진자)처럼 단순한 결정론적 방정식을 따르는 물리계라 하더라도, 초기 조건에 민감

하며 아주 복잡한 운동을 보인다고 하였다. 두 진자로만 구성된 물리계라도 카오스계라 할 수 있는 것이다.
③ 부정확성이 빠르게 증가하는 물리계의 경우, 예측에 필요한 계산 시간은 그다지 크게 단축되지는 않을 것이라고 하였다.
④ 지구의 대기는 카오스계의 대표적인 사례이고 날씨 변화는 카오스 현상이라 할 수 있다. 카오스계의 경우 예측 가능성이 지극히 제한적이라고 하였으므로, 슈퍼컴퓨터의 성능이 향상된다 하더라도 날씨 변화를 정확하게 예측할 수는 없을 것이다.

04 ▸ ⑤

환율의 개념과 환율 변동이 경제에 미치는 영향을 설명한 후 결론에서 적절한 환율 관리의 필요성을 말하고 있다. 따라서 답은 ⑤가 된다.

05 ▸ ④

이 글은 백신과 항생제의 탄생 및 오남용으로 인한 부작용, 특히 내성균이 조성되는 원리와 이유에 대해 구체적으로 기술하고 있다. 따라서 백신과 항생제의 탄생 및 부작용 발현에 대해 소개하는 (다)가 맨 앞에 오고, 항생제 오남용 부작용에 대해 구체적으로 예를 들어 언급하는 (마), 그 부작용들 중 이 글에서 주로 이야기하고자 하는 내용을 '내성균'에 관한 것으로 좁히는 부분인 (나), 내성균의 개념에 대해 설명하는 (가), 내성균이 생기는 이유에 대한 부분인 (라)의 순서로 정렬되어야 한다.

06 ▸ ③

이 글의 첫 번째 단락은 증류주의 정의와 종류에 관한 것이고, 두 번째 단락은 희석식 소주의 제조 과정과 특성을 설명하는 것이다. 결국, 이 글은 '소주란 증류주인가?'로부터 시작하여 '소주는 과연 어떤 술인가?'에 대해 설명한 글이다. 이렇게 볼 때 이 글의 제목으로 가장 적절한 것은 ③ '소주의 정체'이다.

07 ▸ ④

빈칸의 뒷부분에는 햇빛 공급으로 실내 에너지를 유지하기 위해서는 두께가 얇은 유리나 창호가 필요한데, 이로 인해 에너지 손실이 발생함을 언급하고 있다. 이것들을 많이 사

용하면 에너지가 손실되고, 사용하지 않으면 실내 에너지를 유지하기 힘들다는 모순된 현상이 발생할 수 있는 것이다. 따라서 빈칸에는 창호나 유리를 통한 햇빛 공급과 에너지 손실 사이에 모순이 있음을 의미하는 ④가 들어가는 것이 적절하다.

08 ▶ ③

영국 현대미술의 성장은 공공 지원금이 지원되지 않는 상황에서 젊은 미술가들이 개최한 개인전들에서 시작되었다. 당시 젊은 영국 작가들은 미국의 미술 동향에 영향을 받았으며, 제도권의 지원 밖이었기 때문에 개성을 충분히 발휘할 수 있었다.

09 ▶ ③

(나)에서 '먼저'라는 말로 글을 시작하고 (가)에서 '다시 질문을 던지게 되었다'와 (다)의 '세 번째 방향 전환'으로 보아 (나) ─ (가) ─ (다) 순서로 배열할 수 있다. (마)는 '또 다른 작업'을 제안하면서 (다)의 뒤에 오며, (라)는 '진실의 작용'이라는 표현을 통해 (마)의 부연 설명임을 알 수 있다.

10 ▶ ③

① 캄보디아 수자원기상부의 요청으로 이뤄진 것은 맞으나, 차관이 직접 요청했는지는 알 수 없다.
② 기후변화에 대응하기 위해 시행한 공사 사업 현장 및 재난안전종합상황실, 농업용수관리 자동화 시설 등의 현장 교육으로 농공기술을 체감할 수 있도록 구성됐다. 기후변화에 대응하기 위한 전략이 주 내용이 된 것은 아님을 알 수 있다.
④ 농어촌공사는 1976년 공무원을 대상으로 국제 교육을 실시해왔으며, 2017년 국제교육교류센터를 신설해 다양한 분야로 교육을 넓혀가고 있다. 2017년부터 교육을 시작한 것은 아니다.
⑤ 2023년에 19개 연수 과정을 시행할 계획이라고 하였다. 다만 가장 많은 수의 연수 과정인지는 알 수 없다.

11 ▶ ④

④ 2023년 7월부터 12월까지 누적 입장인원은 $97,869+100,812+96,368+217,455+147,950+32,725$ $=693,179$(명)이다. 69만 명이 넘는다.
① 10월 국립수목원을 방문한 어른 방문객은 119,372명이고, 나머지 방문객의 합은 $217,455-119,372=98,083$(명)이다. 따라서 10월 국립수목원을 방문한 어른 방문객이 나머지 방문객의 합보다 많다.
② 4월 대비 5월의 국립수목원 총 방문객은 $\frac{191,768-136,582}{136,582}\times100≒40.4(\%)$ 증가하였다.

③ 2023년 2분기 국립수목원 방문객 수는 $136,582+191,768+123,817=452,167$(명)이고, 2023년 4분기 국립수목원 방문객 수는 $217,455+147,950+32,725=398,130$(명)이다. 따라서 2분기 국립수목원 방문객 수가 4분기 국립수목원 방문객 수보다 많다.
⑤ 2월의 경우 국립수목원의 총 방문객 수는 1월 대비 증가하지만 청소년의 방문객 수는 1월 대비 감소하였으므로 옳지 않은 설명이다.

12 ▶ ②

② 2023년 10월의 청소년 누적 방문객 수는 17,456명이 아니고 17,465명이다.

13 ▶ ⑤

⑤ 2024년 12월의 경우 전년 동월 대비 15% 입장인원이 증가하므로 $32,725\times1.15≒37,634$(명)이다.
① 2024년 1월의 경우 전년 동월 대비 10% 입장인원이 증가하므로 $24,738\times1.1≒27,212$(명)이다.
② 2024년 3월의 경우 전년 동월 대비 10% 입장인원이 증가하므로 $89,648\times1.1≒98,613$(명)이다.
③ 2024년 6월의 경우 전년 동월 대비 10% 입장인원이 증가하므로 $123,817\times1.1≒136,199$(명)이다.
④ 2024년 9월의 경우 전년 동월 대비 15% 입장인원이 증가하므로 $96,368\times1.15≒110,823$(명)이다.

14 ▶ ①

① 2022년 입장객 수는 2018년 대비 $\frac{1,479,967-1,211,451}{1,211,451}\times100≒22.2(\%)$ 증가하였다.
② 2021년 입장객 1인당 입장료는 $\frac{478,644,000}{1,414,920}≒338.3$(원)이다.
③ 2018년 이후 입장료 수입은 계속해서 감소하고 있고, 시설사용료 수입은 계속해서 증가하고 있다. 문화체험료 수입의 경우도 계속해서 증감을 반복하고 있으므로 2018년 이후 입장료, 시설사용료, 문화체험료 수입의 증감 추이는 같지 않다.
④ 2020년 숙박객 수는 입장객 수의 $\frac{140,052}{1,301,409}\times100≒10.8(\%)$를 차지한다.
⑤ 연도별 입장료, 시설사용료, 문화체험료의 합을 구하면 2018년 : $625,261+10,996,245+134,346=11,755,852$(천 원), 2019년 : $551,433+11,910,865+111,411=12,573,709$(천 원), 2020년 : $499,715+12,876,078+106,023=13,481,816$(천 원), 2021년 : $478,644+14,520,015+143,438=15,142,097$(천 원), 2022년 : $444,658+16,257,449+130,474=16,832,581$(천 원)이다. 따라서 이용객 수입이 가장 많은 해는 2022년이다.

15 ▸ ⑤

(A) : 2019년에 수입이 전년 대비 감소한 항목은 입장료와 문화체험료이다. 입장료는 $\dfrac{625,261-551,433}{625,261}\times100 ≒ 11.8(\%)$ 감소하였고, 문화체험료는 $\dfrac{134,346-111,411}{134,346}\times100 ≒ 17.1(\%)$ 감소하였으므로 15% 이상 감소한 항목은 문화체험료이다.

(B) : 2021년에 수입이 전년 대비 증가한 항목은 시설사용료와 문화체험료이다. 시설사용료는 $\dfrac{14,520,015-12,876,078}{12,876,078}\times100 ≒ 12.8(\%)$ 증가하였고, 문화체험료는 $\dfrac{143,438-106,023}{106,023}\times100 ≒ 35.3(\%)$ 증가하였으므로, 30% 이상 증가한 항목은 문화체험료이다.

(C) : 2022년 전체 이용객 수입 중 금액이 적은 입장료와 문화체험료를 살펴보자.

입장료가 차지하는 비율은 $\dfrac{444,658}{16,832,581}\times100 ≒ 2.6(\%)$, 문화체험료가 차지하는 비율은 $\dfrac{130,474}{16,832,581}\times100 ≒ 0.8(\%)$ 이다. 따라서 (C)에 들어갈 수입 항목은 입장료이다.

16 ▸ ④

④ $\dfrac{1,283-984}{984}\times100 ≒ 30.4(\%)$ 증가하였다.

① 2021년과 2022년에는 10배 이하이다.

② 공공연구기관 중 2022년 연구개발인력의 전년 대비 증가율은 다음과 같다.

정부 출연 : $\dfrac{31,932-30,912}{30,912}\times100 ≒ 3.3(\%)$,

기타 비영리 : $\dfrac{8,818-8,456}{8,456}\times100 ≒ 4.3(\%)$,

국・공립병원 : $\dfrac{321-270}{270}\times100 ≒ 18.9(\%)$

따라서 국・공립병원 연구개발인력이 가장 큰 비율로 증가했다.

③ 기업체의 연구개발인력이 가장 많은 해는 384,016명으로 2022년이고 대학의 연구개발인력이 가장 많은 해는 187,087명으로 2020년이다.

⑤ 2022년은 2021년보다 감소했다.

17 ▸ ⑤

$\dfrac{366,668}{605,604}\times100 ≒ 60.54(\%)$이므로 약 61%이다.

18 ▸ ⑤

두 지역으로 가는 기차가 동시에 출발하는 시각을 구하려면 최소공배수를 이용하면 된다. 30과 42의 최소공배수는 210이

다. 따라서 두 기차가 다시 동시에 출발하는 시각은 210분 즉, 3시간 30분 후인 오후 12시 30분이다.

19 ▸ ④

민지가 처음에 가지고 있던 사탕의 수를 x, 과자의 수를 y 라 하면

$$\begin{cases} x+y=44 \\ \dfrac{3}{4}x=y+5 \end{cases}$$

$\therefore x=28,\ y=16$

따라서 민지가 처음에 가지고 있던 과자는 16개이다.

20 ▸ ④

분자는 1씩 커지고 분모는 이전 수 분자의 제곱수가 되는 규칙이다.

$$\dfrac{3}{4} \searrow +1 \to \dfrac{4}{3^2} \to \dfrac{4}{9} \searrow +1 \to \dfrac{5}{4^2} \to \dfrac{5}{16} \searrow +1 \to \dfrac{6}{5^2} \to \dfrac{6}{25}$$

따라서 빈칸에 들어갈 알맞은 숫자는 $\dfrac{7}{36}$ 이다.

21 ▸ ⑤

필요한 현수막 개수를 크기별로 살펴보면,

10m×4m : 28개, 8m×2m : 1개, 6m×1m : 18개이다.

기본 크기인 2m²의 제작비용이 12,000원이고, 1m²당 4,000원씩 추가되므로, 크기별 현수막 1개의 단가는 다음과 같다.

10m×4m : 40m²이므로, 12,000+(38×4,000원)=164,000(원)

8m×2m : 16m²이므로, 12,000+(14×4,000원)=68,000(원)

6m×1m : 6m²이므로, 12,000+(4×4,000원)=28,000(원)

크기별 비용에 총 수량을 곱한 총 비용을 구하면

164,000원×28개＋68,000원×1개＋28,000원×18개＝5,164,000(원)

22 ▸ ④

제작 단가 변화로 1m²당 4,500원씩 추가되므로, 크기별 현수막 1개의 단가는 다음과 같다.

기본크기 안내 현수막(2m×1m) : 12,000원

10m×4m : 40m²이므로, 12,000＋(38×4,500원)=183,000(원)

8m×2m : 16m²이므로, 12,000＋(14×4,500원)=75,000(원)

6m×1m : 6m²이므로, 12,000＋(4×4,500원)=30,000(원)

크기별 비용에 총 수량을 곱한 총 비용을 구하면

12,000원×5＋183,000원×28＋75,000원＋30,000원×18개 ＝5,799,000(원)

기존보다 제작비용이 5,799,000－5,164,000=635,000(원) 늘어난다.

23 ▶ ②

㉠ 6ha 이내의 농지를 2년을 초과해 경영해 왔으므로 성장 농가에 속하며, 1ha 이내의 한도에서 생애첫농지취득 지원을 받을 수 있다.
지원한도는 25,400원/m²이므로, 10,000m²(=1ha)×25,400원=2억 5,400만 원이다.
㉢ 농지매매 시 진입농가에 대한 지원한도가 0.5ha 이내이므로, 이를 기준으로 살펴본다.
지원한도가 12,300원/m²이므로, 5,000m²(=0.5ha)×12,300원/m²=6,150만 원이다.
㉡ 6ha를 초과하는 농지를 경영하는 농가는 전업농가로, 비축농지 임대 지원 대상에 해당하지 않는다.

24 ▶ ①

갑은 50대 농업인이므로 1순위−5우선순위의 ②에 해당한다.
을은 2030세대에 속하므로 1순위−2우선순위에 해당한다.
병은 선정된 지 5년 이상된 귀농인이므로 1순위−4우선순위에 해당한다.
정은 청년창업현후계농업인이나, 선정 후 5년이 지나지 않아 40대 농업인에 속하게 되므로 1순위−5우선순위의 ①에 해당한다.
무는 영농복귀자이므로 2순위에 해당한다.(영농복귀자이므로 2ha 초과 지원은 무시해도 되나, 이 지원 역시 당해연도가 아닌 지난해 받은 것이므로 순위에 영향을 주지 않는다.)
따라서, 우선순위가 높은 대로 배열하면 '을−병−정−갑−무'가 된다.

25 ▶ ⑤

⑤ 12개월에 60회 수업이므로 1개월에 5회 수업이 해당하는데, 이 중 50회 수업을 수강했으므로 나머지 2개월 분의 수강료는 반환이 가능하다.
① 교습장소를 제공할 수 없게 된 경우가 아니므로 교습비 반환이 불가능하다.
② 교습기간이 1개월 이내이고, 총 교습시간의 1/2이 경과되었으므로 교습비 반환이 불가능하다.
③ 원격 교습의 경우 반환금액은 실제 수강한 부분(저장한 것을 포함)을 제외한 금액이므로 교습비 반환이 불가능하다.
④ 3개월에 21회 수업이므로 1개월에 7회 수업이 해당하는데, 이 중 3개월째의 교습시간 7회 교습 중 4회를 수강한 것이므로 교습비 반환이 불가능하다.

26 ▶ ④

갑 : 교습기간이 1개월 이내이고 총 교습시간의 1/2 경과 전이므로 이미 납부한 교습비 25만 원의 1/2에 해당하는 125,000원을 반환받는다.

을 : 교습기간이 1개월을 초과한다. 해당 월 총 교습기간의 1/3 경과 전이므로 해당 월 교습비의 2/3에 해당하는 금액을 반환받고, 나머지 2개월의 교습비 전액을 반환받는다.
3개월 교습비가 45만 원이므로 월 교습비는 15만 원이고, 8월 교습비의 2/3인 10만 원과, 9·10월 교습비 30만 원을 합산한 40만 원을 반환받는다.

27 ▶ ①

㉠ 단시간근로자의 근로기간 연장은 해당 규정 제5조 제3항에 따라 소속기관장이 승인한다.
㉡ 단시간근로자는 근무시간 및 근무요일을 2회 이내에서 변경을 승인받을 수 있지만, 육아로 인한 단시간근로자는 예외적으로 횟수 제한이 없다. 따라서 B는 근태승인권자의 승인을 얻어 근무시간과 요일을 변경할 수 있다.
㉢ 공사 규정에 따르면 6개월 이상 단시간근로자로 근무한 자가 전일제로 복귀하는 경우 희망보직을 부여할 수 있다. 반드시 희망보직을 부여해야 하는 것은 아니므로, 희망보직과 무관한 보직이 부여될 수도 있다.
㉣ 집약근무자가 근무유형을 변경하고자 하는 경우 변경신청서를 갖추어 근태승인자에게 신청하면 되고, 승인된 경우 매월 1일을 기준으로 근무유형이 변경, 적용된다.

28 ▶ ③

③ 집약근무자는 최소 1주일 이상 2주일 이내 단위로 신청해야 한다. 한 번에 6개월을 신청할 수 없다.

29 ▶ ③

제시된 조건에 따르면, 을−갑의 순서가 성립하므로 다음과 같은 일곱 가지 경우가 가능하다.(단, 목요일에 정×, 병이 을보다 앞인 경우 병 앞에 정)
ⅰ) 을이 월요일에 과외를 받는 경우
　　을−갑−정−병　　　을−정−갑−병
　　을−정−병−갑　　　을−병−정−갑
ⅱ) 을이 화요일에 과외를 받는 경우
　　정−을−갑−병　　　정−을−병−갑
ⅲ) 을이 수요일에 과외를 받는 경우
　　정−병−을−갑
③ 을이 병보다 먼저 과외를 받는 것은 ⅰ), ⅱ)의 모든 경우에 해당한다. 이때 병은 화요일, 수요일, 목요일에 과외를 받으므로 옳지 않은 설명이다.
① 병이 을보다 먼저 과외를 받는 경우는 ⅲ)에 해당하는데, 이때 갑은 목요일에 과외를 받는다.
② 을이 월요일, 병이 수요일에 과외를 받는 경우는 ⅰ)의 세 번째 경우에 해당하며, 이때 갑은 목요일에 과외를 받는다.
④ 병이 화요일에 과외를 받는 경우는 ⅰ)의 네 번째 혹은 ⅲ)에 해당하는데, 이때 모두 갑이 목요일에 과외를 받는다.
⑤ ⅲ)을 보면 이 경우 정이 월요일에 과외를 받는다.

30 ▶ ③

③ 높은 점수를 획득했다고 해서 모두 매장 근무 경험이 있고, 동시에 학점이 4.0점 이상인 것은 아니다.
① 높은 점수를 획득한 사람 중에는 심리학 전공자가 없다.
② 높은 점수를 획득한 사람들 중 경영학 전공자도 있다고 하였으므로, A는 경영학 전공일 수도 있고 아닐 수도 있다.
④ 경영학 전공자이면서 30세 이상인 사람은 없다고 단정지을 근거가 없다.
⑤ 학점 4.0점 이상은 인사고과에서 높은 점수를 획득하는 데에 필요충분조건이 아니기 때문에 낮은 점수를 획득한 사람 중에서도 학점이 4.0점을 넘는 사람이 있을 수 있다.

31 ▶ ⑤

콤바인(CO), 한국 창원(KOC), 2021년 6월(2106)이 모두 들어간 선택지는 ⑤이다.

32 ▶ ⑤

⑤ 창고에 보관 중인 20대의 장비 중에서 운반차는 4대로 20%를 점유하고 있다. 경운기가 6대(30%), 트랙터와 콤바인이 각각 5대(25%), 이앙기는 0대(0%)를 점유하고 있으므로, 운반차의 창고 점유율은 네 번째로 높다.
① 이앙기 코드인 'SE'가 목록에 없음을 확인할 수 있다.
② 코드 목록의 맨 뒤 제조년월을 보면, 겨울에 해당하는 12, 01, 02가 없음을 알 수 있다.
③ 인천(KOI)에서 2021년 8월 생산된(2108) 운반차(TR)의 코드를 찾으면 'TR-22-KOI-2108'이다. 생산번호는 22이다.
④ 코드 목록 맨 뒷부분 제조년월을 통해 가장 오래된 생산년월이 1505임을 확인할 수 있다.

33 ▶ ②

② 7월 21일에 산란된 계란이 1그룹에 진열되어 있다.
① 1그룹 계란 난각코드를 보면, 맨 뒷자리가 모두 '2'로 축사 내 평사에서 생산된 것이다.
⑤ 마리당 사육밀도가 0.05㎡에서 사육된 것은 기존 케이지 사육환경이고, 난각코드 마지막 자리가 '4'이다. 1, 2, 3그룹엔 이 사육환경코드가 존재하지 않는다.

34 ▶ ①

전체 20개 중 생산자 고유번호가 'H3JIE'인 계란이 6개 진열되어 있으므로, 전체의 30%를 차지한다.

35 ▶ ①

① UHD 8K에 더 많은 픽셀이 포함되어 있으므로 full HDTV보다 더 고해상도의 선명한 이미지 표현이 가능하다.
② PPI는 1인치 안에 들어 있는 픽셀 수를 의미하기 때문에 PPI가 높을수록 1인치 안에 들어가는 픽셀 수가 많아진다.
③ 픽셀은 우리말로 화소라고 한다.
④ R, G, B가 모두 꺼졌을 경우 검정색이라고 했으므로 옳은 설명이다.
⑤ UHD 4K는 3840픽셀×2160픽셀=829만 4,400(개)의 작은 사각형 점들로 구성되어 있다.

36 ▶ ①

매장번호를 오름차순 정렬할 경우 '400782'가 아래에 위치하게 되고 그중 하나로마트가 가장 아래에 위치하게 된다.

37 ▶ ③

INDEX는 표의 범위 내에서 값의 참조 영역을 구하는 함수이다. 먼저 제품명을 찾아야 하므로 [B2:F2]를 범위 설정해주고 값이 흔들리지 않게 절대 주소로 변경한다. 그리고 행 위치는 1행을 찾아야 하므로 1을 입력해주고, 열 위치는 [B3:F3]에서 가장 큰 값을 찾아야 하므로 셀 범위에서 지정된 항목을 검색하고 범위에서 해당 항목이 차지하는 상대 위치를 반환하는 MATCH 함수를 사용해준다. 찾을 값은 [B3:F3]에서 가장 큰 값이므로 'MAX(B3:F3)'이고, 찾을 범위는 [B3:F3]이다. 마지막으로 정확히 일치하는 값을 찾아야 하므로 0을 입력해야 한다.
따라서 [G3]셀의 최다판매제품을 구하는 함수는 '=INDEX($B$2:$F$2,1,MATCH(MAX(B3:F3),B3:F3,0))'이다.

38 ▶ ⑤

HLOOKUP은 배열의 첫 행에서 값을 검색하여, 지정한 행의 같은 열에서 데이터를 추출하는 함수이다. 먼저 [B4:F4]의 평균값을 구해야 하므로 'AVERAGE(B4:F4)'를 입력해주고, 찾을 범위는 등급기준표에서 행 제목 부분을 뺀 [K3:N4]를 입력해준 후 값이 흔들리지 않게 절대 주소로 변경한다. 행 위치는 등급기준표에서 2행 부분을 사용할 것이므로 2를 입력해주고, 찾을 값보다 크지 않은 값 중에서 가장 근접한 값을 찾을 것이므로 TRUE를 입력해야 한다. 마지막으로 뒤에 등급이라는 말이 들어가야 하므로 함수 뒤에 '& "등급"'을 입력해준다.
따라서 [H4]셀의 등급을 구하는 함수는 '=HLOOKUP(AVERAGE(B4:F4),$K$3:$N$4,2,TRUE)&"등급"'이다.

39 ▶ ③

표의 범위 내에서 값의 참조 영역을 구하는 INDEX 함수와, 배열의 첫 열에서 값을 검색하여 지정한 열의 같은 행에서 데이터를 돌려주는 VLOOKUP 함수를 사용해야 한다.

40 ▸ ②

INDEX 함수에서 먼저 찾아야 하는 것은 [조건표2]의 매장 구분이 있는 영역으로 [I10:J13]을 입력해준 후 값이 흔들리지 않게 절대 주소로 변경한다. 그리고 행 위치는 매장번호를 이용하여 [조건표1]에서 구분코드를 찾아야 하므로 VLOOKUP 함수를 이용해준다. VLOOKUP 함수에서는 [A19]셀 매장번호를 [$E$10:$F$13]에서 찾아 구분코드가 있는 열인 2를 출력해야 한다. 이때 값이 정확히 일치해야 하므로 FALSE를 입력해주면 INDEX의 행 위치 값으로 'VLOOKUP(A19,$E$10:$F$13,2,FALSE)'가 입력된다. 마지막으로 [$I$10:$J$13]에서 매장구분은 2열에 있으므로 열 위치 값으로 2를 입력해야 한다.

따라서 [B19]셀의 매장구분을 구하는 함수는 '=INDEX ($I$10:$J$13, VLOOKUP(A19,$E$10:$F$13,2,FALSE),2)'이다.

자원관리능력

41 ▸ ②

구분	업무능력	성실성	협동성	외국어 능력	총점
A	80	100	80	80	340
B	100	65	40	80	285
C	65	65	100	80	310
D	80	80	100	65	325
E	40	65	80	100	285
F	65	100	100	80	345
G	100	65	80	80	325
H	80	65	80	80	305

총점이 높은 순서대로 3등까지 나열하면, 순서대로 F(345점), A(340점), D와 G(325점 동점)이다.

D와 G의 총점이 동일하므로, 선정 방법에 따라 배점비율을 적용해 총점을 재산출하면 아래와 같다.

D : 80×0.3+80×0.2+100×0.2+65×0.3=79.5
G : 100×0.3+65×0.2+80×0.2+80×0.3=83

G의 총점이 더 높으므로 상위 3인에는 G가 포함된다.

따라서 미국 연수 대상자로 선정되는 직원 3인은 A, F, G이다.

42 ▸ ④

위 41번 문제에서 미국 연수 대상자로 선정된 A, F, G의 점수를 다음과 같이 다시 매길 수 있다.

구분	업무능력	성실성	협동성	외국어 능력
A	90	100	90	90
F	70	100	100	90
G	100	70	90	90

가중치를 적용한 총점을 계산하면 아래와 같다.

A : 90×0.3+100×0.15+90×0.15+90×0.4=91.5
F : 70×0.3+100×0.15+100×0.15+90×0.4=87
G : 100×0.3+70×0.15+90×0.15+90×0.4=90

총점이 높은 A, G가 연수 대상자가 되고, F가 연수를 가지 못한다.

43 ▸ ①

지원자 가~자의 평가점수 총점을 구하면 아래와 같다.

가 : 85+88.75+20=193.75(점)
나 : 70+80+10=160(점)
다 : 100+77.5+15=192.5(점)
라 : 85+72.5+10=167.5(점)
마 : 95+81.25+10=186.25(점)
바 : 70+70+10=150(점)
사 : 95+80+10=185(점)
아 : 85+86.25+20=191.25(점)
자 : 90+83.75+15=188.75(점)

따라서, 총점 190점 이상으로 A등급에 해당돼 채용되는 지원자는 '가, 다, 아'이다.

44 ▸ ④

B등급에 해당하는 지원자는 '마, 사, 자'이고 이 3명의 면접 점수는 각각 81.25점, 80점, 83.75점이므로 채용되는 2명은 '마, 자'이다.

45 ▸ ①

A등급과 B등급에 해당하는 지원자 '가, 다, 마, 사, 아, 자'의 '필기시험 점수+창의성 점수+발전가능성 점수'를 구하면 아래와 같다.

가 : 85+90+95=270(점)
다 : 100+90+75=265(점)
마 : 95+80+80=255(점)
사 : 95+95+85=275(점)
아 : 85+80+90=255(점)
자 : 90+80+85=255(점)

점수가 가장 높은 상위 2명은 '가, 사'이다.

46 ▸ ④

식사(런치코스) : (70,000+72,000)×26=3,692,000(원)
와인 : 80,000×55=4,400,000(원)
디저트 : 200,000+(7,000+8,500+8,000)×25=787,500(원)
얼음조각 장식 : 600,000+120,000×2=840,000(원)
현수막 : 100,000×2=200,000(원)
꽃장식 : 50,000×9+350,000=800,000(원)

따라서 총 비용은 3,692,000+4,400,000+787,500+840,000 +200,000+800,000=10,719,500(원)이다.

47 ▸ ⑤

와인, 디저트, 얼음장식, 꽃장식 항목에서 변경이 있다.
식사(런치코스) : 3,692,000원
와인 : 80,000×52＝4,160,000(원)
디저트 : 200,000＋7,000×25＋(8,500＋8,000)×15＝622,500(원)
얼음조각 장식 : 600,000원
현수막 : 200,000원
꽃장식 : 80,000×9＋350,000×2＝1,420,000(원)
따라서 총 비용은 3,692,000＋4,160,000＋622,500＋600,000＋200,000＋1,420,000＝10,694,500(원)이다.

48 ▸ ④

특별할인 1을 적용했을 때 할인되는 비용을 계산해 보자.
꽃장식 비용 30% 할인이므로, 1,420,000원×0.3＝426,000(원)
와인 가격 10% 할인이므로, 4,160,000원×0.1＝416,000(원)
426,000원＋416,000원＝842,000(원) 할인된다.
특별할인 2를 적용했을 때 할인되는 비용을 계산해 보자.
식사와 디저트 비용이 20% 할인되므로,
(3,692,000원＋622,500원)×0.2＝862,900(원) 할인된다.
따라서 특별할인 2를 선택하는 것이 더 유리하며, 이때의 총 비용은 10,694,500원－862,900원＝9,831,600(원)이다.

49 ▸ ④

④ 마케팅팀은 시간대 변경을 사용 1일 전에 알린 것이고, 이는 세미나실 사용시간에 어긋나지도 않으므로 회사 내규에 따라 가능한 일이다. 송 주임이 불가하다고 할 이유는 없으므로 대처가 잘못되었다.
① 9월 5일 제2세미나실 사용 시 참여인원은 42명이다. 장소를 대강당으로 바꾼다면, 대강당 최대 수용인원인 80명의 60%인 48명 이상이 되어야 하는데, 이를 충족하지 못하므로 대강당을 사용할 수는 없다.
② 대관을 신청한 시간은 09:00~15:00이고, 1시간을 당겨 8시부터 사용하게 되면 사용시간에 맞지 않는다.
③ 기획조정실의 경우에는 당일 대관 신청이 가능하다.
⑤ 인사팀은 9월 18일 대강당 대관에 참여인원을 47명으로 신청했는데, 이는 최대 수용인원인 80명의 60%인 48명 미만이므로, 인원이 부족해 반려한 것이 적절하다.

50 ▸ ②

사용시간이 09:00~18:00에서 어긋나는 경우와, 제1세미나실, 제2세미나실, 대강당 참여인원이 각각 25명, 35명, 56명 미만인 경우 대관 신청이 취소된다.
①, ④ 사용시간이 09:00~18:00에서 어긋나므로 취소된다.
③ 참여인원이 25명에 미달되므로 취소된다.
⑤ 참여인원이 56명에 미달되므로 취소된다.

기술능력

41 ▸ ⑤

1번과 2번 로스팅 기계를 운전 버튼 → 2번 기계는 1회 작동 후 정지 버튼 → 1번 기계는 2회 작동 후 정지 버튼 (☆ → ● → ◎)
2번 워터 디스펜서 3회 운전 버튼 → 자동으로 정지 상태 변경 (♣)
따라서 답은 ⑤가 된다.

42 ▸ ④

1번과 2번 로스팅 기계를 작동하기 위해 ☆버튼을 눌러준 후 ◎버튼을 눌러 1번 로스팅 기계를 정지해줘야 한다. 이후 1번과 2번 워터 디스펜서를 작동하기 위해 ★버튼을 눌러준 후 ◇버튼을 눌러 1번 워터 디스펜서를 정지해줘야 한다.
④ 삼각형 안의 숫자가 작동 횟수이므로 기계는 총 여덟 번 작동했다.
① ☆, ◎, ★, ◇ 버튼을 한 번씩 눌렀다.
② ♣버튼을 누르면 나중에 ☆버튼으로 1번 로스팅 기계가 추가로 작동하기 때문에 누르지 않아야 한다.
③ ☆버튼과 ★버튼을 한 번씩 눌러 운전 상태로 변경했으므로 옳은 설명이다.
⑤ ★과 ◇를 누르는 대신, 2번 워터 디스펜서 3회만 작동시키는 ♣를 누르는 것으로 달라질 수 있다.

43 ▸ ③

③ '산업안전보건법'은 1981년 제정, 공포되었다.
④ 불안전한 상태에는 시설물 자체 결함, 전기 시설물의 누전, 구조물의 불안정, 생산 공정의 결함 등이 있다. 이는 근로자보다는 사용자 측의 안전대책이나 예방대책의 미비·부실에서 기인한다고 볼 수 있다.

44 ▸ ②

①, ③, ④, ⑤는 산업재해가 기업에 끼치는 영향이다.

45 ▸ ④

급수밸브가 정상적으로 작동하면 '위' 소리가 나며, '샤' 소리는 통의 수평을 잡아주는 소리이다.

46 ▸ ⑤

①④ 수도꼭지를 잠그고 호스 속의 물은 완전히 빼야 한다.
③ 얼었을 경우에 따뜻한 물을 세탁조에 넣어서 잠시 둔다.

47 ▸ ①

따뜻한 바람이 나오지 않는 것은 실내온도가 30도 이상이거나, 온풍기가 과열되었기 때문이다. 잠시 전원을 껐다가 재가동하는 조치가 적절하다.

48 ▸ ①

정상적으로 사용했으나 제품 고장이 발생한 경우이므로, 보상 및 처리를 받을 수 있다. 구입 후 일주일 이내이므로 동일 제품 교환 또는 구입가 전액 환불을 받을 수 있다.

49 ▸ ②

② 세척 시 물을 고온, 고압으로 분사하여 세척 날개를 회전시켜 세척한다.

50 ▸ ②

㉣ 코팅되지 않은 프라이팬에 대해서는 따로 명시되지 않았다.
㉤ 내열온도 90도의 플라스틱 컵은 내열온도가 80도 이상이므로 세척이 잘 되지 않는 식기로 볼 수 없다.

제2회 직업기초능력평가

01 ▸ ①

제시된 글은 경제 성장에 영향을 주는 것이 제도인지 지리인지 설명하고 있는 제도 결정론과 지리 결정론의 주장을 서로 비교하여 설명한 글이다.

(라)를 제외한 문단들은 모두 접속사로 시작하고 있기 때문에 첫 번째로 오기에 적절한 문단은 (라)이다. (라)에서는 제도 결정론에 대해 설명하면서, 제도 결정론자들의 주장과 제도 결정론이 가지고 있는 한계에 대해 설명하고 있다.

(나)에서는 지리 결정론에 대해 설명하면서 지리 결정론의 주장을 밝히고 있다. (나)에서는 앞에서 설명한 말을 다른 방향으로 이끌어가는 '그런데'라는 접속사를 사용하였으므로, (나)의 앞에는 지리 결정론과 상반되는 제도 결정론에 대한 설명이 와야 한다. 따라서 (라) 뒤에 오는 것이 자연스럽다.

(마)는 기존의 지리 결정론을 비판하면서 수정된 새로운 제도 결정론의 주장에 대해 설명하고 있다. 따라서 지리 결정론이 설명된 단락 뒤에 이어지는 것이 자연스럽다. (나)에서 지리 결정론을 설명하고 있으므로 (나) 다음에 오는 것이 적절하다.

(가)에서는 '다시 말해'라는 접속사로 앞의 내용을 부연하고 있는데, 지리 결정론에 대한 반증을 제시하면서 새로운 제도 결정론의 주장을 뒷받침하고 있으므로 (마) 다음에 오는 것이 자연스럽다.

(다)는 지리 결정론을 주장하던 학자들이 다른 경로의 존재를 인정하게 되지만, 지리가 중요하고 영향력을 끼친다는 입장에는 변함이 없다고 하면서 새로운 지리 결정론에 대해 설명하고 있다. 따라서 지리 결정론 → 지리 결정론에 대한 비판 → 새로운 지리 결정론의 순서로 이어지므로, 마지막에 오는 것이 적절하다.

02 ▸ ②

② 루소 이전의 사상가들은 민중의 불쌍한 처지를 걱정한 것이 아니라 철없는 민중들의 '무질서'를 두려워했다고 하였다.

03 ▸ ②

빈칸 바로 뒤에서 '단순한 구조의 DNA가 복잡한 유전적 형질을 나타낼 수 없다고 생각'했다는 것으로 보아, 에이버리가 DNA가 유전물질이라는 사실을 확인한 후에도 다른 학자들이 이 사실을 인정하지 않았다는 내용이 들어가는 것이 적절하다.

⑤ 바이러스가 DNA를 통해 자가 복제한다는 사실은 1950년 허시와 체이스가 알아냈으며, 그 과정은 왓슨이 밝혀냈다.

04 ▸ ④

ⓐ 영화의 능동성에 ㉠ 우리의 정신이 수동적으로 반응하면서 ㉢ 영화가 이념 전파나 권력통제에 이용되는 수단이 될 수 있음을 말하고 있다. ㉡ 그러한 측면에서 바라볼 때 영화와 정치는 연결될 수 있다고 결론 내리고 있다.

05 ▸ ④

④ 유회수기로 기름을 회수하는 방법은 유출된 기름의 점도가 높거나 주변에 부유물이 많은 경우에는 사용하기 어렵다.

06 ▸ ①

업사이클링은 쓰레기를 원료의 형태로 되돌리는 공정과정이 불필요하다. 그리고 그 점이 업사이클링의 가장 큰 장점이다.

07 ▸ ②

동원과 혜진은 휴대전화와 인터넷 등 모든 통신 서비스를 상시적으로 감청할 수 있는 시스템을 마련하자는 통신비밀 보호법 개정안에 대해 찬반의 입장에서 논쟁하고 있다. 동원의 경우 지능화된 범죄의 예방과 국민의 권익 보호를 위해 개정안을 도입해야 한다는 견해로 법률의 개정에 의해 발생하는 문제점은 인정하지만, 제도적 보완을 통해 이를 극복할 수 있다고 주장한다. 따라서 선택지 ②의 내용이 동원의 주장과 일치하는 견해라 할 수 있다.

08 ▸ ③

박 대리 : 코뮌의 경우는 생활의 대부분을 긴밀하게 공유하므로 지역성과 이념성이 모두 높은 반면, 협동조합은 참여자들의 삶의 터전이 밀접해 있을 수도, 아닐 수도 있다는 점에서 코뮌보다 지역성과 이념성이 낮은 공동체 집단이라고 할 수 있다.
최 과장 : 코뮌의 참여자들은 애초부터 어떤 이념 기치 아래 자발적으로 공동의 생활을 영위한다.
장 대리 : 공동체 운동은 가치관이나 삶의 태도가 이질적인 구성원들을 대상으로 사회 문화적 동질화를 이루어 개인주의나 집단적 이기주의에서 벗어나게 하려는 것이다. 따라서 개인보다 집단의 가치를 중시한다는 설명은 적절하지 않다.

09 ▸ ①

세계화가 '국가의 의미'를 강화했다는 것은 글의 내용 어디에서도 찾아볼 수 없고, 국가의 의미가 강화된다는 것은 '세계화'의 개념과도 모순된다.

10 ▸ ①

① 2019년부터 사내벤처 제도를 도입해 운영하고 있으므로, 2019년부터 사내벤처팀을 선발한 것이 맞다. 하지만 매 선발 시 2022년 제4기처럼 2개 팀을 선발했는지는 알 수 없다.
④ 사내벤처 제도 도입 첫해인 2019년에는 염지하수를 활용한 스마트양식단지 조성사업이 사내벤처팀으로 선발됐다.
⑤ 2020년 선정된 상생형 온실가스 감축사업이 사업화되어 추진되고 있다.

11 ▸ ④

④ 2019년 모든 도의 시설채소 온실 수는 6,420＋3,182＋2,737＋7,745＋4,777＋4,719＋9,117＋9,708＋242＝48,647 (개)로 전국 시설채소 온실 수의 $\frac{48,647}{52,094} \times 100 ≒ 93.4$ (%) 를 차지한다.
① 2021년 시설채소 온실 수는 인천광역시, 대전광역시, 경상남도에서 전년 대비 감소하였다.
② 2020년 서울, 세종 및 모든 광역시의 시설채소 온실 수는 111＋625＋850＋506＋692＋184＋232＋163＝3,363(개)로 강원도의 시설채소 온실 수보다 많다.
③ 2021년 전국의 시설채소 온실 수는 2019년 대비 $\frac{53,239-52,094}{52,094} \times 100 ≒ 2.2$(%) 증가하였다.
⑤ 시설채소 온실 수가 다섯 번째로 적은 지역은 항상 제주특별자치도이다.

12 ▸ ⑤

⑤ 경기도의 전년 대비 2013년 유리온실 증감율은 −43.5%가 아니고 43.5%이다.

13 ▸ ②

2022년 부산광역시의 시설채소 온실 수는 636×1.2≒763 (개)이고, 전라남도의 시설채소 온실 수는 5,004×0.95≒4,754(개)이다.

14 ▸ ③

강을 거슬러 올라가는 시간을 a, 내려오는 데 걸리는 시간을 b라 하면
$$\begin{cases} a = \dfrac{5}{2}b \\ a+b = \dfrac{7}{4} \end{cases}$$
$$\therefore a = \frac{5}{4}, \ b = \frac{1}{2}$$
정지한 물에서의 유람선의 속력을 x, 강물의 속력을 y라 하면
$$\begin{cases} \dfrac{5}{4}(x-y) = 10 \\ \dfrac{1}{2}(x+y) = 10 \end{cases}$$
$$\therefore x = 14, \ y = 6$$
따라서 유람선의 속력은 14km/h이다.

15 ▸ ④

25%의 설탕물 600g에 들어 있는 설탕의 양은 $\frac{25}{100} \times 600$

$= 150$(g)이므로 증발시킬 물의 양을 xg라 하면 농도는

$\frac{150}{600-x} \times 100 \geq 40$이므로

$40x \geq 24000 - 15000$

$40x \geq 9000$

$\therefore x \geq 225$

따라서 증발시킬 물의 양은 225g이다.

16 ▸ ⑤

$2 + 3^2 = 11$, $5 + 4^2 = 21$, $7 + 7^2 = 56$이다.

17 ▸ ⑤

⑤ 직무사고로 인한 사망자 수가 가장 많은 해는 2018년이고, 이때의 중상자 수와 경상자 수의 합은 $31 + 81 = 112$(명)이므로 옳지 않은 설명이다.

① 공중사고 건수가 2년 전 대비 $101 - 62 = 39$(건)으로 가장 많이 감소한 2018년의 사망자 수의 전년 대비 감소율은 $\frac{79-50}{79} \times 100 ≒ 36.7$(%)이다.

② 여객사고로 인한 중상자 수가 가장 많은 해는 2018년이고, 이때 직무사고로 인한 중상자 수의 전년 대비 감소 인원은 $40 - 31 = 9$(명)이다.

③ 2016년에 사고 건수가 가장 많은 공중사고의 2022년과 2018년 사망자 수의 차이는 $50 - 21 = 29$(명)이다.

④ 직무사고로 인한 중상자 수가 2년 전 대비 증가한 2022년에 여객사고로 인한 경상자 수는 0명이므로 옳은 설명이다.

18 ▸ ③

여객사고로 인한 사망자, 중상자, 경상자 수의 합이 가장 많은 해는 $36 + 32 + 22 = 90$(명)인 2018년이다.

2018년 공중사고로 인한 중상자 수의 2년 전 대비 감소율은 $\frac{18-13}{18} \times 100 ≒ 27.8$(%)이고, 2018년 직무사고로 인한 중상자 수의 2년 전 대비 감소율은 $\frac{40-31}{40} \times 100 = 22.5$(%)이므로 차는 $27.8 - 22.5 = 5.3$(%p)이다.

19 ▸ ①

㉠ 전체 응시자는 3,740명, 2차 합격자는 900명이므로 $\frac{900}{3,740} \times 100 ≒ 24.1$(%)이다.

㉡ 1차 합격자는 2,407명, 2차 합격자는 900명이므로 $\frac{900}{2,407} \times 100 ≒ 37.4$(%)로 35% 이상이다.

㉢ 2차 시험의 합격률은 법학부가 $\frac{354}{1,354} \times 100 ≒ 26.1$(%), 자연과학부가 $\frac{246}{756} \times 100 ≒ 32.5$(%), 어문학부가 $\frac{184}{764} \times 100 ≒ 24.1$(%), 자유전공학부가 $\frac{116}{866} \times 100 ≒ 13.4$(%)이다. 따라서 2차 시험 합격률은 자연과학부가 가장 높다.

20 ▸ ②

자유전공학부의 1차 시험 합격률은 $\frac{640}{866} \times 100 ≒ 74$(%)이다.

21 ▸ ⑤

① 설치는 수리시설개보수사업비, 유지관리는 유지관리사업비로 따로 책정돼 있다.

② 누수계측기는 $1,142 + 75 = 1,217$(개소)에 설치하는 것이 목표이다.

③ 지진가속도계측기는 내진1등급과 2등급인 저수지 중 총저수량이 각각 2천만㎥ 이상, 500백만㎥인 저수지 74개소에 설치한다.

④ 누수계측기는 저수지 1,142개소에 설치하는데, 이때 저수지는 1종 수리시설물이며 총저수량이 30만㎥ 이상인 곳이다. 따라서 총저수량 30만㎥ 이상인 저수지는 1,142개소 이상 있음을 알 수 있다.

⑤ 제방변위계측기는 총저수용량 5~30만 톤 중 제방높이 14m 이상인 곳에 설치하며 총 136개소에 설치한다. 이때 제시된 저수용량은 30만 톤까지이므로 그 이상인 저수지가 얼마나 되는지는 알 수 없다.

22 ▸ ②

② 지급 안내에 따르면 성과급은 해당 월의 다음 달 임금 지급과 동시에 지급한다고 되어 있다. 6월에 대상을 받은 사원 B는 6월의 다음 달인 7월 15일에 성과급을 지급받는다.

① 5년 근속 시 급여의 50%를 성과급으로 받으므로, 2백만 원의 급여를 받는 C는 1백만 원을 성과급으로 받게 된다.

③ 영업성과 10% 상승 시 급여의 20%를 성과급으로 받으므로, 150만 원의 급여를 받는 E는 성과급 30만 원을 받게 된다.

④ 5월 독후감 대회 입상 시 급여의 30%를 성과급으로 받으므로, 150만 원의 30%인 45만 원을 임금 지급과 동시에 지급받는다. 따라서 $150 + 45 = 195$(만 원)을 5월의 다음 달인 6월 15일에 지급받게 된다.

⑤ 영업성과 10% 상승 시 성과휴가 4일을 사용할 수 있다. 최대 3일 연속해 사용할 수 있으므로, 5월 12일 금요일부터 15일(월), 16일(화)까지 연속하여 사용할 수 있다. 따라서 17일 수요일에는 출근해야 한다.

23 ▶ ④

④ VIP 등급이지만 55요금제를 사용해 왔으므로 음성통화에서 GOLD와 같은 할인이 적용(20%)되어 100원×0.8=80(원)의 요금을 부과받고, 해외문자에는 할인이 적용되지 않으므로 20건×15원=300(원)으로 총 380원의 요금을 더 납부한다.

① 30분은 1,800초이므로 1,800원이 부과되는데, GOLD 등급이므로 여기서 20% 할인되어 1,800원×0.8=1,440(원)이 부과된다.

② 가입 기간이 3개월 이하이므로 STARTER 등급으로 데이터 무제한 받기가 가능하다.

③ 음성의 경우 10분은 600초이므로 600원이 부과되는데, SILVER 등급이므로 10% 할인돼 600원×0.9=540(원)이 부과된다.
데이터의 경우 50MB 초과 사용했으므로 50MB×5=250(원)이 부과된다.
합해서 790원의 초과요금이 부과된다.

⑤ GOLD 등급이므로 데이터 주기 월 5회가 가능하고, 장기 고객이므로 멤버십 포인트 제공 시 VIP 포인트가 적용돼 50,000원의 특별 포인트를 제공 받는다.

24 ▶ ③

	부과요금
갑	기본요금 : 66,000원 초과요금 : 음성 100분×60초×0.8=4,800원 총 부과금액 : 70,800원 VIP이지만 7만 원 이하의 요금제를 사용하므로 20%의 음성 할인율 적용
을	기본요금 : 44,000원 초과요금 • 문자 : 30건×20원=600원 • 음성 : 100분×60초×0.9=5,400원 총 부과금액 : 50,000원
병	기본요금 : 99,000원 초과요금 : 문자 (600−500)건×10원×0.8=800원 총 부과금액 : 99,800원

70,800+50,000+99,800=220,600(원)이다.

25 ▶ ⑤

⑤ 매월 변경 가능하지만 익월 1일에 반영된다.
① 온라인쇼핑은 기본선택 옵션이다.
④ 선택옵션에서 주유할인을 선택할 경우 단독은 불가능하며 반드시 2개 업종을 선택해야 한다.

26 ▶ ②

전월실적이 125만 원이므로, 할인한도는 22,000원이다. 온라인쇼핑은 ○○은행 제휴마켓+위메프로 총 100,000원이다.(신세계백화점은 온라인이 아니므로 제외)
① 온라인쇼핑+의료=100,000+22,000=122,000(원)에서 10% 할인되므로, 12,200원 할인된다.
② 온라인쇼핑+대형마트=100,000+90,000=190,000(원)에서 10% 할인되므로 19,000원 할인된다.
③ 온라인쇼핑+주유+통신=100,000+80,000+35,000=215,000(원)에서 7% 할인되므로, 15,050원 할인된다.
④ 온라인쇼핑+주유+대형마트=100,000+80,000+90,000=270,000(원)에서 7% 할인되므로 18,900원 할인된다.
⑤ 온라인쇼핑+의료+통신=100,000+22,000+35,000=157,000(원)에서 7% 할인되므로 10,990원 할인된다.
따라서 가장 많이 할인되는 ②가 혜택이 가장 큰 조합이라 할 수 있다.

27 ▶ ③

조건을 정리하면 다음과 같다.

구분	1/4분기	2/4분기	3/4분기	4/4분기
직무 이해도	4×0.5=2	8×0.5=4	12×0.5=6	9×0.5=4.5
직무 참여도	7×0.4=2.8	7×0.4=2.8	9×0.4=3.6	6×0.4=2.4
서비스 만족도	4×0.1=0.4	7×0.1=0.7	9×0.1=0.9	6×0.1=0.6
합계	5.2	7.5	10.5	7.5
등급	D	C	A	C
성과급	50만 원 (40만 원 차감)	90만 원 (10만 원 차감)	120만 원 +4만 원 (2/4분기 차감액의 40% 가산)	90만 원 (10만 원 차감)

따라서 성과급의 1년 총액은 50만 원+90만 원+124만 원+90만 원=354만 원이다.

28 ▶ ②

조건을 정리하면 다음과 같다.

구분	2/4분기	차감액	3/4분기 성과급
을	S		120만 원
병	B	15만 원	120만 원+(15만 원×0.4) =126만 원
정	C	10만 원	120만 원+(10만 원×0.4) =124만 원

따라서 3/4분기 성과급의 합은 370만 원이다.

29 ▶ ②

먼저 B의 말을 통해 C와 D가 B를 추월한 적이 없다는 걸 알 수 있으므로 B는 최소 3등을 할 수 있다. 또한 '나보다 앞서 달린 적이 있는 사람은 B와 D뿐이야'라는 C의 말을 통해 B가 1등이라는 것을 알 수 있고, D의 말을 통해 순위가 B(1) − D(2) − C(3)인 것을 알 수 있다.

마지막으로 A가 1등 아니면 5등을 했다고 했는데 1등은 B가 했으므로 A가 5등이라는 걸 알 수 있고, E의 말을 통해 같은 등수는 없다는 걸 확인했기 때문에 순위는 B(1) − D(2) − C(3) − E(4) − A(5)이다.

30 ▶ ④

ⓒ에 따르면, 만화가 중에는 컴퓨터로 그림을 그리는 사람이 존재한다. 컴퓨터로 그림을 그리는 직업의 사람이 모두 만화가는 아니라는 말은 일부는 만화가라는 의미이다. 그런데 ⓒ에서는 컴퓨터로 그림을 그리는 직업이 만화가를 제외하고도 존재한다고 말하고 있다. 따라서 ④가 반드시 참이라는 것을 확인할 수 있다.

① ㉠과 ⓒ에 따르면, 만화가 중에 컴퓨터로 그림을 그리는 사람이 있다는 것을 확인할 수 있다. 그러나 이 두 명제에서는 모든 만화가가 그림을 그린다는 것만 확인할 수 있을 뿐, 모든 만화가가 컴퓨터로 그림을 그린다는 것을 확인할 수는 없다. 따라서 ①은 반드시 참은 아니다.

② ㉢에 따르면, 화가는 종이를 무조건 이용한다. 하지만 ㉺에 따르면, 종이를 이용하는 방법에는 그림을 그리는 것과 글을 쓰는 것 두 가지가 있다. 따라서 화가는 종이를 이용해서 글을 쓸 수도 있기에 ②는 참이라 할 수 없다.

③ ⓒ에서는 컴퓨터로 그림을 그리는 직업이 있다는 것을 이미 전제하고 있다. 따라서 ③은 항상 거짓인 명제다.

⑤ ㉠과 ⓒ에 따르면, 만화가 중에 컴퓨터로 그림을 그리는 사람이 있다는 것을 확인할 수 있다. 그러나 이 두 명제에서는 모든 만화가가 그림을 그린다는 것만 확인할 수 있을 뿐, 모든 만화가가 종이와 컴퓨터, 두 가지 방식을 활용해서 그림을 그린다는 것을 확인할 수는 없다.

31 ▶ ③

비품코드 기준을 적용하면 다음과 같다.

비품코드	20	DS	28	99
의미	2020년 구입	책상	연한 보라	유아용

32 ▶ ④

④ 21SF1922는 2021년에 구입한 2인용 진한 초록색 소파의 비품코드이다. '3인용'이 아니다.

33 ▶ ③

보도자료 부분은 이미지 꾸러미에서 원하는 모양을 선택하여 적용하는 '글맵시'이고, 아래 선은 커서 위치에 띠를 삽입하는 '문단 띠'이다.

34 ▶ ④

문서 암호화는 '상단 파일 탭 − 다른 이름으로 저장하기 − 문서 암호 설정 − 문서 암호 설정 창에 암호 입력 후 설정 − 저장' 또는 '보안 탭 − 문서 암호 − 암호 설정 − 문서 암호 설정 창에 암호 입력 후 설정 − 저장'의 두 가지 방법이 있다.

35 ▶ ①

글맵시에 메모를 삽입하는 순서는 '글맵시 선택 − 개체 속성 − 기본에서 글자처럼 취급 선택 후 설정 − 〈F3〉으로 글맵시 블록 설정 − 입력 − 메모 − 메모 넣기'이다.

36 ▶ ④

IF는 논리 검사를 수행하여 TRUE나 FALSE에 해당하는 값을 반환하는 함수이다. 먼저 2023년에서 입사일의 연도를 뺀 값을 알아야 하므로 연도를 알 수 있는 YEAR 함수와 현재 날짜를 표시해주는 TODAY 함수를 사용해 '(YEAR(TODAY())−YEAR(B3)'를 입력해주고, 10년 이상 근속한 것을 TRUE 값으로 두기 위해 'YEAR(TODAY())−YEAR(B3)≥10'을 적용해준다. TRUE 값의 위치에는 10년 이상 근속한 사람이 받는 수당인 '3000000'을 입력해주고, FALSE 값에는 10년 미만 근속한 사람이 받는 수당인 '1000000'을 입력해준다. 따라서 [C3]셀의 근속수당을 구하는 함수는 '=IF(YEAR(TODAY())−YEAR(B3)≥10,3000000,1000000)'이다.

37 ▶ ①

셀 잠금과 수식 숨기기 적용 후 셀의 내용과 시트를 보호하는 순서는 다음과 같다.

[D12:F25] 영역 블록 설정 − 〈Ctrl+1〉을 눌러 '셀 서식' 대화상자 열기 − 보호 탭 − 잠금과 숨김 선택 후 확인 − 임의의 셀 선택하여 블록 해제 − 검토 탭 − 시트 보호 − '잠긴 셀 선택'과 '잠금 해제된 셀 선택'을 한 후 확인

38 ▶ ④

④ 표시 형식 탭이 아니라 글꼴 탭에 들어가야 한다.

39 ▶ ②

② 현재 데이터가 있는 영역이 아닌 [E5] 셀 밑에 데이터가 추출되므로 '현재 위치에 필터'가 아닌 '다른 장소에 복사'를 선택해야 한다.

40 ▶ ⑤

기본급에 상여금을 더해서 총 급여를 구해줘야 하므로 'D13+D13*상여비율'의 함수식이 나와야 한다. 이때 상여비율을 구하기 위해 배열의 첫 열에서 값을 검색하여, 지정한 열의 같은 행에서 데이터를 돌려주는 VLOOKUP 함수를 사용해야 한다. [E13]셀의 인사고과를 [$H$13:$I$15]에서 찾아 상여비율이 있는 열인 2를 출력해야 한다. 이때 완벽하게 일치하는 값이 아닌 비슷한 값을 출력하는 것이므로 논리 값은 TRUE를 입력해주거나 생략해도 된다.
따라서 [F13]셀의 총 급여를 구하는 함수는 '=D13+D13*(VLOOKUP(E13,$H$13:$I$15,2))'이다.

자원관리능력

41 ▶ ⑤

'정' 업체는 D등급을 2개 받았으므로 제외하고, 나머지 4개 업체의 총점을 구하면 아래와 같다.
갑 : 6+6+8+8+10=38
을 : 10+6+10+6+8=40
병 : 6+10+6+8+10=40
무 : 8+8+10+8+8=42
총점이 가장 높은 업체는 '무'이다.

42 ▶ ③

D등급을 2개 받은 '정' 업체를 제외한 나머지 4개 업체의 가중치를 적용한 총점을 구하면 아래와 같다.
갑 : 6×0.1+6×0.1+8×0.2+8×0.2+10×0.4
　　 =0.6+0.6+1.6+1.6+4=8.4
을 : 10×0.1+6×0.1+10×0.2+6×0.2+8×0.4
　　 =1+0.6+2+1.2+3.2=8
병 : 6×0.1+10×0.1+6×0.2+8×0.2+10×0.4
　　 =0.6+1+1.2+1.6+4=8.4
무 : 8×0.1+8×0.1+10×0.2+8×0.2+8×0.4
　　 =0.8+0.8+2+1.6+3.2=8.4
이때 갑, 병, 무 업체가 총점 8.4점으로 동점이다. 이 세 업체 중 결과 정확성 점수가 높은 업체는 A등급인 갑과 병이다. 두 업체 중 A등급은 갑 업체가 1개, 병 업체가 2개이므로, 선정되는 업체는 '병'이다.

43 ▶ ④

ⅰ) 신입사원 교육 비용(6월 20일)
2층 소회의실 사용료 : 기본시간+초과시간(30분)×6
　　　　　　　　　　　=200,000+15,000×6=290,000(원)
냉방비 : 30,000(원)
현수막 1개 설치 : 50,000(원)
음향시설 사용 : 120,000(원)
중식(22명) : 7,000×22 =154,000(원)
290,000+30,000+50,000+120,000+154,000
=644,000(원)
ⅱ) 부장급 이하 직원 교육 비용(6월 21일)
3층 대강당 사용료 : 기본시간+초과시간(30분)×2
　　　　　　　　　　=450,000+35,000×2= 520,000(원)
냉방비 : 50,000(원)
음향시설 사용 : 120,000(원)
중식(85명) : 5,500×85 =467,500(원)
520,000+50,000+120,000+467,500=1,157,500(원)
따라서 총 비용은 644,000+ 1,157,500=1,801,500(원)

44 ▶ ②

ⅰ) 신입사원 교육 비용
인원이 22명에서 50명으로 늘어나고, 교육시간이 5시간에서 4시간으로 줄어들게 되므로, 장소 사용료와 중식비만 다시 계산하면 된다.
2층 소회의실 사용료 : 기본시간+초과시간(30분)×4
　　　　　　　　　　　=200,000+15,000×4= 260,000(원)
중식(50명) : 5,500×50=275,000(원)
나머지 항목에 들어가는 비용은 그대로 이므로 총 비용은
260,000+30,000+50,000+120,000+275,000
=735,000(원)
ⅱ) 부장급 이하 직원 교육 비용
날짜를 토요일로 바꾸었으므로 장소 이용료에 10%가 가산되어 이 부분만 다시 계산하면 된다.
3층 대강당 사용료 : (기본시간+초과시간 30분×2)×1.1
　　　　　　　　　　= 520,000×1.1 =572,000(원)
나머지 항목에 들어가는 비용은 그대로 이므로 총 비용은
572,000+50,000+120,000+467,500=1,209,500(원)
총 비용은 735,000+ 1,209,500=1,944,500(원)

45 ▶ ①

A : ○○군 주민이 포함되어 있고 비수기이므로 숙박요금의 40%를 할인받을 수 있다. 성인 7명이 1동을 이용하므로 8인실을 예약하게 되고 요금은 75,000×0.6=45,000(원)이다.
B : 성수기이므로 다자녀 가정 할인을 받을 수 없다. 총 8명이므로 8인실을 이용하게 되고 요금은 95,000원이다.
C : 성수기이므로 ○○군 주민 할인을 받을 수 없다. 캐빈 1동의 요금은 40,000원이다.
D : 7명이 1동을 이용하므로 8인실을 이용하고, 이때 요금은 비수기 요금인 75,000원이다.

46 ▶ ④

④ 20% 할인을 받으면 요금은 25,000×0.8=20,000(원)이다. 비수기 요금에서 할인받는다.

47 ▶ ④

④ 드라마 장르와 예능 장르에 27명의 방송인이 종사하고 있다면 최대 스태프 수는 17×10＋10×6=230(명)이고 최소 스태프 수는 10×10+17×6=202(명)이다. 따라서 양자의 차이는 28명이다.
① 제4항에서 "설립주체는 [별표 3]에 따라 적절한 방송 녹화 부지를 확보하여야 한다."라고 하였으나 1. 녹화 방송이 없는 경우, 2. 라디오 방송이 없는 경우에는 부지를 확보한 것으로 본다고 하였으므로 반드시 녹화 부지를 갖추어야 하는 것은 아니다.
② 방송인을 45명 증원한다면 녹화장비는 13~23개 증가할 수 있다. 따라서 24개가 증가할 수는 없다.
③ 영화 장르에 10명의 방송인이 종사한다면 오디오 장비는 24×10=240(개)가 필요하다고 할 수 있다. 그러나 단서조항에서 오디오 장비는 200개를 넘을 수 없다고 하였으므로 영화 장르에 10명의 방송인이 종사한다면 오디오 장비는 최대 200개가 필요하다.
⑤ [별표 2]를 통해 필요 오디오 수를 확인하면 12×2+10×4+10×7=134(개)임을 알 수 있다. 따라서 옳지 않다.

48 ▶ ⑤

필요한 오디오 장비 수를 확인하면 다음과 같다.
예능 : 14×15=210(개)이나, 200개를 넘을 수 없으므로 200개이다.
드라마 : 15×4=60(개)
영화 : 10×24=240(개)이나, 200개를 넘을 수 없으므로 200개이다.
애니메이션 : 12×7=84(개)
교육 : 47×2=94(개)
다음으로 필요한 스태프의 수를 확인하면 다음과 같다.
예능 : 14×10=140(명)
드라마 : 15×6=90(명)
영화 : 10×9=90(명)
애니메이션 : 12×4=48(명)
교육 : 47×5=235(명)
따라서 최종적으로 필요한 오디오 장비 수와 스태프 수의 합을 구하면 200+60+200+84+94+140+90+90+48+235=1,241이다.

49 ▶ ④

④ 톨게이트비는 5,800+6,500+6,000+5,800=24,100(원)이다.
③ 9월 24일에 지출한 비용은 189,500원, 9월 25일에 지출한 비용은 127,800원으로 모두 20만 원을 넘지 않는다.
⑤ 점심식대는 24,000원+16,500원+20,000원=60,500원이고, 저녁식대는 18,000원+26,000원=44,000원으로 점심식대를 저녁식대보다 16,500원 더 지출했다.

50 ▶ ⑤

숙박비를 제외한 날짜별 지출내역은 다음과 같다.
9월 23일 : 114,300원, 24일 : 189,500원, 25일 : 127,800원
총 431,600원을 지급받게 된다.(실비)
그리고 숙박비는 1박당 1인 8만 원이므로 2×2×8만 원=32(만 원)이다.
따라서, 총 751,600원을 지급받는다.

기술능력

41 ▶ ④

일체형 필터는 물로 세척하지 말고, 평소에도 물에 닿지 않도록 주의해야 한다.

42 ▶ ③

필터는 직사광선을 피해 그늘에서 충분히 건조해야 한다.

43 ▶ ③

극세 필터가 더러울 경우 이상한 냄새가 난다.

44 ▶ ①

제품 내부나 출구에 용지가 걸린 경우에는 정착기 영역의 온도가 높기 때문에 주의해서 용지를 꺼내야 한다. 곧바로 용지를 당겨 제거해야 한다는 주의사항은 찾아볼 수 없다.

45 ▶ ⑤

여러 대의 컴퓨터를 무선 프린터에 연결할 수 없으므로 Wi-Fi Direct의 동시 사용자가 5명 미만인지 먼저 확인해야 한다.

46 ▶ ④

④ 중간 가스밸브가 잠겨 있을 때에는 운전을 시작해도 점화되지 않고 바로 정지되며 확인램프에 불이 들어온다.

47 ▸ ③

③ 난방배관에 밸브가 잠겨 있거나 난방배관이 막혀 있을 경우에는 점검이 아니라 기압장치 설치를 의뢰해야 한다.

48 ▸ ②

난방배관이 막혔을 때는 온도 표시창에 '01'이라고 표시되고, 급배기관이 막혔을 때는 점화, 연소 중 큰 소음이 발생한다.

49 ▸ ⑤

배수 호스가 막혔는지 확인하는 것은 에어컨에서 물이 넘칠 때의 해결방법이다.

50 ▸ ①

탈취 필터 및 살균 필터를 청소하는 것은 이상한 소리가 날 때의 해결방법이다.

제3회 직업기초능력평가

01. ⑤	02. ⑤	03. ②	04. ⑤	05. ③
06. ④	07. ④	08. ②	09. ④	10. ②
11. ①	12. ③	13. ②	14. ③	15. ④
16. ③	17. ①	18. ②	19. ④	20. ⑤
21. ⑤	22. ⑤	23. ③	24. ①	25. ④
26. ④	27. ④	28. ⑤	29. ⑤	30. ④
31. ②	32. ③	33. ⑤	34. ④	35. ④
36. ④	37. ①	38. ③	39. ③	40. ②

자원관리능력

41. ②	42. ④	43. ③	44. ⑤	45. ①
46. ③	47. ⑤	48. ③	49. ⑤	50. ①

기술능력

41. ③	42. ④	43. ②	44. ①	45. ②
46. ②	47. ③	48. ①	49. ①	50. ③

01 ▸ ⑤

⑤ 자유의지가 있다 하더라도 이성이 작용하고 있지 않은 경우는 도덕적 책임에서 벗어날 수 있다. 예를 들어 의식이 혼미했을 때 한 행동에 대해서 비도덕적이라고 비난하기는 어렵다.

02 ▸ ⑤

⑤ 음극선 입자의 전하와 수소이온이 갖는 전하의 크기가 같다는 사실을 토대로 음극선 입자의 질량이 수소 원자 질량의 1000분의 1밖에 안 된다는 것을 알게 되었고, 그것이 원자보다 훨씬 가벼운 입자, 즉 전자라는 것을 발견했다고 하였다.

03 ▸ ②

대한민국 정부가 한글 사용에 관한 정책을 추진한 취지인 (라)가 가장 앞에 놓여야 하고, 그 다음 구체적인 노력의 일환으로서 제정한 법률에 관한 내용인 (마)와 유예규정에 대한 부연설명인 (나)를 배치해야 한다. (가)의 '그러나 이러한 법률의 제정에도 불구하고' 및 '반세기 이상 소요되었다'를 고려할 때, (가)는 (다)의 다음에 놓일 수는 없고, (마) - (나)의 다음에 놓여야 하며, 마지막으로 법조문의 한글화를 위한 최근의 법 개정 내용인 (다)가 이어져야 한다.

04 ▸ ⑤

제시된 글은 뇌의 신경세포가 분열할 능력이 있음에도 불구하고 교세포가 방해 물질을 내어 분열과 재생을 가로막는 시스템으로 진화해 온 이유를 설명하고 있다. 그것은 기억을 제대로 보관하기 위해서는 신경세포가 분열해서는 안 되기 때문이다.

05 ▸ ③

제시문은 우리 설화가 영웅 추대형 구조, 도피형 설화임을 밝히면서 피로 얼룩진 싸움의 신화가 아님을 긍정적으로 보고 있다. 또한, '잔인한 현실세계'를 전제하지도 않았으므로 ③은 제시문의 내용과 거리가 멀다.

06 ▸ ④

① 자유선거의 원칙은 헌법에 명시되지 않았다.
② 일정한 연령에 달한 모든 국민에게 선거권을 인정하는 선거원칙은 보통선거의 원칙이다.
③ 공개선거는 투표의 책임을 명백히 한다는 뜻에서 채용되기도 한다.
⑤ 합리적인 이유가 있으면 제한할 수 있다고 하였다.

07 ▸ ④

④ 면역계는 '아밀로이드−β' 단백질을 바이러스로 인식하지 못해 아무런 반응을 하지 않고, 이 때문에 알츠하이머병이 생긴다.

08 ▸ ②

'자신들을 위해 자서전적으로 구성해 내는 전쟁터', '끊임없이 재구성, 재정리된다는 것', '누구를 위한 역사인가', '다른 집단에게는 상이한 의미를 갖는 담론' 등에서 알 수 있듯이, 화자는 역사를 특정한 주체들이 각자 자신들을 위해 독자적으로 각색한 과거로 바라보고 있다. 따라서 '역사 담론'이란 보편적이거나 인류 공통에 적용되는 것이 아닌, '자신을 위해 직접 과거를 조직해 내는 방식'이라고 볼 수 있다.

09 ▶ ④

④ 자연재해나 부채 등으로 경영이 어려운 농가를 지원하는 '경영회생지원 농지매입사업'에는 2,907억 원의 예산이 투입된다.

① 맞춤형 농지지원사업의 사업비는 2023년 8,577억 원, 2022년 7,821억 원이다. 전년 대비 늘어난 것은 맞으나 1,000억 원 이상 늘어난 것은 아니다.

② 농지은행사업은 은퇴농, 자경 곤란자, 이농자에게 농지를 매입하거나 임차 수탁 받아 농지 이용을 필요로 하는 창업농과 농업인에게 농지를 매도하거나 임대하는 사업이다.

③ 농지은행관리원은 2022년 2월 18일 출범하였다.

⑤ 선임대후매도사업, 농업스타트업단지조성사업, 비축농지임대형스마트팜사업은 2023년 처음 도입된 사업이 맞으나, 농지연금사업은 2011년 첫 도입됐다.

10 ▶ ②

ⓒ 공공임대용 농지매입사업에 대한 설명이다.

11 ▶ ①

① (가)의 값을 구해보면 $\frac{4,275+2,746+2,201}{7,208} ≒ 1.28$(마리)리므로 모든 지역구가 1.3마리 이상이라는 것은 옳지 않은 설명이다.

② 외장형을 사용하는 반려견은 2,370＋2,746＋6,255＋3,285＋3,131＝17,787(마리)이고, 인식표를 사용하는 반려견은 2,623＋2,201＋6,283＋3,865＋3,063＝18,035(마리)이다. 따라서 외장형을 사용하는 반려견보다 인식표를 사용하는 반려견이 더 많다.

③ (나)의 값을 구해보면 $\frac{11,816+6,255+6,283}{18,525} ≒ 1.31$ (마리)이고, (다)의 값을 구해보면 $\frac{7,013+3,285+3,865}{10,690}$ ≒ 1.32(마리)이다. 따라서 (가)＋(나)＋(다)의 값은 1.28＋1.31＋1.32＝3.91이다.

④ 외장형과 인식표를 사용하는 반려견 수 합은 마산합포구는 2,370＋2,623＝4,993(마리), 마산회원구는 2,746＋2,201＝4,947(마리), 성산구는 6,255＋6,283＝12,538(마리), 의창구는 3,285＋3,865＝7,150(마리), 진해구는 3,131＋3,063＝6,194(마리)로 내장형을 사용하는 반려견 수보다 많다.

⑤ 성산구의 동물소유자수는 전체 동물소유자수의 $\frac{18,525}{7,035+7,208+18,525+10,690+8,935}×100 ≒ 35.36$ (%)를 차지한다.

12 ▶ ③

그래프에 사용된 자료는 (A)가 동물소유자수, (B)가 전체 동물등록수, (C)가 동물소유자당 동물등록수이다.

13 ▶ ②

현재 승관의 나이를 x살, 엄마의 나이를 y살이라 하면 할머니의 나이는 $y+30$이므로

$\begin{cases} y=7x \\ x+y+y+30=120 \end{cases}$

∴ $x=6$, $y=42$

따라서 현재 승관의 나이는 6살이다.

14 ▶ ③

16	52		16＋8	52＋8
32	25	→	32＋8	25＋8

15 ▶ ④

① 우리나라 전체와 남자 평균 은퇴 연령은 꾸준히 증가했으나, 2020년 여자 평균 은퇴 연령의 경우 5년 전보다 감소했다.

② 2015년 미국의 남성 평균 은퇴 연령은 64세로 65세를 넘지 않는다.

③ 우리나라의 남녀 평균 은퇴 연령의 차이가 가장 크게 나타났던 해는 2020년으로, 2020년 포르투갈의 남성 평균 은퇴 연령은 68세로 66세를 넘어섰다.

⑤ 2005년 기준 OECD 주요국 중 남성 평균 은퇴 연령이 가장 높은 국가는 71.1세인 멕시코이고, 가장 낮은 국가는 62.1세인 미국이므로 차이는 9세이다.

16 ▶ ③

2000년 대비 2015년 남성 평균 은퇴 연령의 증가율을 구하면 다음과 같다.

한국 : $\frac{56.8-52.5}{52.5}×100 ≒ 8.2(\%)$

멕시코 : $\frac{72.4-70.7}{70.7}×100 ≒ 2.4(\%)$

일본 : $\frac{69.0-65.5}{65.5}×100 ≒ 5.3(\%)$

아이슬란드 : $\frac{69.0-64.8}{64.8}×100 ≒ 6.5(\%)$

포르투갈 : $\frac{67.5-65.1}{65.1}×100 ≒ 3.7(\%)$

뉴질랜드 : $\frac{67.6-64.2}{64.2}×100 ≒ 5.3(\%)$

스웨덴 : $\frac{66.1-64.0}{64.0}×100 ≒ 3.3(\%)$

아일랜드 : $\frac{66.0-64.0}{64.0}×100 ≒ 3.1(\%)$

스위스 : $\frac{65.2-63.2}{63.2}×100 ≒ 3.2(\%)$

미국 : $\frac{64.0-63.3}{63.3}×100 ≒ 1.1(\%)$

따라서 2000년 대비 2015년 남성 평균 은퇴 연령의 증가율이 두 번째로 큰 국가는 아이슬란드이고, 증가율은 6.5%이다.

17 ▶ ①

전체 기업결합 건수＝회사신설＋합병＋임원겸임＋주식취득
＋영업양수＝수평＋수직＋혼합

구분	2021	2020	2019	2018	2017	2016	2015
전체 기업결합 건수	654	594	588	643	573	507	414

따라서 전체 기업결합 건수가 두 번째로 많았던 해는 2018년이고, 전체 기업결합 건수가 가장 적었던 해는 2015년이다.

18 ▶ ②

② 수평적 기업결합 건수가 주식취득에 의한 기업결합 건수보다 많았던 해는 2018년으로 수직적 기업결합 건수가 조사 기간 중 가장 많은 해이다.
① 임원겸임에 의한 기업결합 건수가 가장 많았던 해는 2018년이고, 혼합적 기업결합 건수가 가장 많았던 해는 2021년이다.
③ 전체 기업결합 건수가 전년 대비 감소한 해는 2019년으로 혼합적 기업결합 건수는 전년 대비 동일하다.
④ 혼합적 기업결합 건수가 가장 많았던 해는 2021년이고, 수직적 기업결합 건수가 가장 많았던 해는 2018년이다.
⑤ 전체 기업결합 건수가 가장 많은 해는 654건으로 2021년이고, 회사신설에 의한 기업결합 건수와 임원겸임에 의한 기업결합 건수의 합이 합병에 의한 기업결합 건수보다 적었던 해는 2018년이다.

19 ▶ ④

④ 2022년 3월 영국의 실업률은 4.5%, 우리나라 실업률은 3.7%로 영국이 더 높다. 실업률은 $\frac{\text{실업자수}}{\text{경제활동인구수}} \times 100$인데, 두 나라의 실업자 수가 같다면 이 식의 분모가 되는 경제활동인구수는 영국이 한국보다 더 적다는 의미가 된다.
①, ② 표를 통해 바로 확인할 수 있다.
③ 선진 7개국의 고용률은 계속해서 증가하고 있는 추세이며, OECD 국가 전체의 고용률도 계속해서 증가하고 있는 추세에 있다.
⑤ 2021년 미국의 실업률은 4.9%로 2020년 5.3%에 비해 0.4%p 감소했다.

20 ▶ ⑤

경제활동참가율은 $\frac{\text{경제활동인구수}}{\text{15세 이상 인구수}} \times 100$이므로 고용률과 실업률을 통해 경제활동인구수와 15세 이상 인구수를 구할 수 있다.
우선, 실업률과 2022년 1분기 실업자 수를 이용하여 경제활동인구수를 구하려면 다음과 같은 식을 세울 수 있다.

$$4 = \frac{\text{15만 명}}{(\text{15만 명} + \text{취업자 수})} \times 100$$

취업자수＝360만 명, 경제활동인구＝360＋15＝375만 명
그리고 고용률과 취업자 수를 이용하여 15세 이상 인구수를 구할 수 있다.

$$\frac{\text{360만 명}}{\text{15세 이상 인구 수}} = \frac{65.9}{100}$$

15세 이상 인구수 ≒ 5,462,822(명)
따라서 경제활동참가율을 구하면

$$\frac{3,750,000}{5,462,822} \times 100 ≒ 68.6(\%)\text{이다.}$$

21 ▶ ⑤

중가산금은 납부기한이 지난 날부터 1개월마다 관세가 부과된다고 하였고 납부기한인 2022년 1월 7일부터 2022년 3월 4일까지 1개월이 초과되었으므로 1차가산금에 더불어 중가산금이 부과된다.
1차가산금 : 140,000,000원×0.03＝4,200,000(원)
중가산금 : 140,000,000원×0.0075＝1,050,000(원)
3월 4일 납부하여야 하는 총 가산금 :
4,200,000원＋1,050,000원＝5,250,000(원)
환급금 : 23,000,000원

환급가산금 : 23,000,000원×$\frac{73}{365}$×0.018＝82,800(원)

환급금액 : 23,000,000원＋82,800원＝23,082,800(원)
납부하여야 하는 가산금이 있을 때에는 환급하여야 하는 금액에서 충당할 수 있다고 하였고, 환급금액이 가산금보다 크므로 A기업이 환급받게 될 금액은
23,082,800원－5,250,000원＝17,832,800(원)이다.
따라서 정답은 ⑤이다.

22 ▶ ⑤

내국세를 포함한 관세 : 928,000＋71,120원＝999,120(원)
체납된 관세(내국세가 있을 때에는 그 금액을 포함)가 100만 원 미만인 경우에는 중가산금을 적용하지 않는다고 하였으므로 관세 999,120원에 대해 1차가산금만 부과된다.
U기업이 납부하여야 할 총 가산금은
999,120원×0.03≒29,973(원)이다.(1원 미만 절사)

23 ▶ ③

새로운 설비를 통해 한 달에 사출기의 경우 1,800－1,500＝300(kWh), 성형기의 경우 700－500＝200(kWh)의 전기가 각각 절약되므로, 총 500kWh의 전기를 절약할 수 있고, 이에 따라 한 달에 30만 원의 전기료가 절약된다.

구입·설치비용이 총 1,500만 원이므로, $\frac{\text{1500만 원}}{\text{30만 원}} = 50$

(개월) 즉 최소 4년 2개월 이상 사용하면 구입·설치비용을 회수할 수 있다.

24 ▸ ①

3년간 3D 프린터를 사용함으로써 절감되는 전기료에서 3D 프린터의 가격을 빼면 3D 프린터를 사용함으로써 절감되는 총 비용을 알 수 있다.

그러므로 {(1,800+700−1,900)×800×36}−12,280,000＝500(만 원)이 절감된다. 같은 기간 기존의 설비로 사용한 경우 2,500×800×36＝7,200(만 원)이 소요된다.

따라서 기존의 설비로 사용했을 때보다 $\frac{500}{7,200} \times 100 ≒$ 6.94(%)가 절감된다.

25 ▸ ④

환승을 하는 경우, 환승하는 시간은 정해져 있으므로 집에서 나와 처음 탑승할 때까지의 시간이 짧은 교통수단을 먼저 이용하는 것이 좋다. 그리고 같은 거리를 이동하는 데 걸리는 시간이 긴 교통수단을 2km만 이용해야 시간을 줄일 수 있다. 또한 버스와 지하철 사이의 환승은 버스 정류장과 지하철역이 함께 있는 지점에서만 가능하므로 매 1km 지점에서 환승할 수 있다.

예를 들어 병의 경우 탑승대기 시간이 짧은 택시를 먼저 타고 8km를 이동한 후 지하철로 환승해 나머지 2km를 이동한다. 탑승대기 시간 2분, 택시 이동 시간 50초×8km＝400초(6분 40초), 환승시간 3분, 지하철 이동 시간 2분×2km＝4분이므로 총 15분 40초가 걸린다.

이와 같은 방식으로 걸리는 시간을 정리하면 다음과 같다.

구분	탑승대기	교통수단 1	환승	교통수단 2	합계
갑	4분(지하철)	16분(지하철)	−	−	20분
을	5분(버스)	15분(버스)	−	−	20분
병	2분(택시)	6분 40초 (택시)	3분	4분(지하철)	15분 40초
정	4분(지하철)	8분(지하철)	5분	6분(버스)	23분
무	2분(택시)	13분 20초(택시)	−	−	15분 20초

정의 이동 시간이 23분으로 가장 길다. 따라서 정이 집에서 가장 일찍 출발해야 한다.

26 ▸ ④

갑: 출근하면서 탑승대기 5분에 2,000원, 버스요금 1,200원을 합해 총 3,200원의 비용이 발생한다.

정: 탑승대기 4분에 1,600원, 지하철 요금 1,250원, 버스 추가요금 50원(지하철 요금과 버스 요금의 차액), 환승비용 1,000원을 합해 총 3,900원의 비용이 발생한다.

따라서 정이 최대한 받을 수 있는 금액은 두 사람의 비용을 합친 7,100원이다.

27 ▸ ④

다음 조건에 따라 악기별 신입 배치를 보면 아래와 같다.

기타	베이스	드럼	키보드
C	D	A	B

28 ▸ ⑤

10월에는 다섯 번의 토요일과 네 번의 일요일이 있다고 했으므로 일요일이 다섯 번으로 넘어가지 않기 위해서는 마지막 31일이 토요일이어야 한다. 이때 만들어지는 달력은 다음과 같다.

일	월	화	수	목	금	토
				1	2	3
4	5	6	7	8	9	10
11	12	13	14	15	16	17
18	19	20	21	22	23	24
25	26	27	28	29	30	31

정신건강의 날은 1주일 전 같은 요일이 개천절인데, 개천절은 3일 토요일이므로 정신건강의 날은 10일 토요일이다.

29 ▸ ⑤

⑤ 3개월 단위로 0.1%p씩 감면받으므로, 4년 분할상환조건은 최대 1.6%p 감면 가능하다.
① 새희망 대출은 3개월 이상의 재직기간이 필요하고 직장인 우대 대출은 1년 이상의 재직기간이 필요하다.
② 연소득 3천만 원 이상인 자만 신청 가능하다.
③ 새희망 대출은 5년간, 직장인 우대 대출은 7년간 분할상환이 가능하다.
④ 새희망 대출은 중도상환해약금이 없으므로, 대출기간 중 원금을 상환할 경우 유리하다.

30 ▸ ④

소기업 법인 대표자이므로 직장인 우대 대출은 신청할 수 없다.
3,500만×1.8＝6,300만 원에서 담보대출을 제외한 신용대출만을 차감하면 6,300만 원−400만 원−30만 원−70만 원＝5,800만 원이다. 따라서 대출 가능한 총금액은 5,800만 원이다.

31 ▸ ②

총 민원은 30건이고, 여성이 신청한 민원 건수는 14건이다. 따라서 $\frac{14}{30} \times 100 ≒ 47(\%)$이다.

32 ▸ ③

같은 등급에 속한 접수번호의 다섯 번째와 여섯 번째 번호가 모두 동일함을 알 수 있다. 따라서 등급을 나누는 기준은 업무 카테고리이다.

33 ▸ ⑤

접수된 민원 30건 중 17시 이후(코드 29)가 10건으로 가장 높은 비율을 차지하므로, 17시 이후에 모니터링 직원을 늘리는 것이 가장 효율적이다.

34 ▸ ④

IF는 논리 검사를 수행하여 TRUE나 FALSE에 해당하는 값을 반환하는 함수이다. 먼저 조건이 두 개이므로 AND 함수를 사용해주고, 판매량이 판매량 전체 평균보다 크기 위해 AVERAGE 함수를 이용해 두 값을 비교해주면 'C3>AVERAGE($C$3:$C$9)'이다. 두 번째 조건인 재고량이 없는 지점을 찾기 위해서는 비어 있는 셀이면 TRUE를 돌려주는 ISBALNK 함수를 이용해 'ISBLANK(D3)'라는 식을 적용해준다. 마지막으로 TURE 값의 위치에는 '우수'를 입력해주고, FALSE 값에는 공백을 입력해준다.
따라서 [E3]셀의 평가를 구하는 함수는 '=IF(AND(C3>AVERAGE($C$3:$C$9),ISBLANK(D3)),"우수","")'이다.

35 ▸ ②

재고량이 없는 지점의 판매량 평균을 구하기 위해서는 주어진 조건에 의해 지정된 셀들의 합을 구하는 SUMIF 함수와 지정한 범위 내에서 조건에 맞는 셀의 개수를 구하는 COUNTIF 함수를 사용해야 한다. SUMIF 함수로는 재고량이 없는 지점의 값을 찾아 판매량의 합을 구해야 하므로 'SUMIF(D3:D9,"",C3:C9)'를 입력해주고, COUNTIF 함수로는 재고량이 없는 지점의 수를 구해야 하므로 'COUNTIF(D3:D9,"")'를 입력해준다. 마지막으로 둘의 값을 나누어주면 판매량 평균이 나온다.
따라서 [G3]셀의 판매량 평균을 구하는 함수는 '=SUMIF(D3:D9,"",C3:C9)/COUNTIF(D3:D9,"")'이다.

36 ▸ ④

직선 및 표식이 있는 분산형 차트이다.

37 ▸ ①

IF는 논리 검사를 수행하여 TRUE나 FALSE에 해당하는 값을 반환하는 함수이다. 먼저 조건이 세 개이므로 AND 함수를 사용해 'AND(B14>=20,C14>=4000,D14>=60000)'라는 식을 입력해준다. TRUE 값 위치에는 텍스트를 지정한 횟수만큼 반복해주는 REPT 함수를 이용해 수량을 10으로 나눈 숫자만큼 ♥를 입력할 수 있게 'REPT("♥",B14/10)'를 적용해준다. 마지막으로 FALSE 값에는 '−'를 입력해준다.
따라서 [E14]셀에 들어갈 함수는 '=IF(AND(B14>=20,C14>=4000,D14>=60000),REPT("♥",B14/10),"−")'이다.

38 ▸ ③

원 단위를 적용하기 위한 순서는 다음과 같다.
홈 탭 − 표시 형식 − 범주에서 통화 선택 − 기호로 ₩ 선택 후 확인

39 ▸ ③

총 10건 중에 중부고속도로(03)에서 발생한 사고가 4건으로 전체의 40%를 차지하고 있다.

40 ▸ ②

② 가장 많은 사상자가 발생한 버스 사고의 사상자는 45명이고, 이때 사고 버스는 일본에서 생산됐다.

자원관리능력

41 ▸ ②

각 입지후보 지역별 총점을 계산하면 A지역 34점, B지역 32점, C지역 28점, D지역 40점, E지역 31점이다. 따라서 총점이 높은 D지역과 A지역이 선정된다.

42 ▸ ④

가중치를 적용하여 각 입지후보 지역별 총점을 계산하면 다음과 같다.
A지역 : $5 \times 0.2 + 6 \times 0.15 + 7 \times 0.1 + 5 \times 0.1 + 7 \times 0.25 + 4 \times 0.2$
$= 1 + 0.9 + 0.7 + 0.5 + 1.75 + 0.8 = 5.65(점)$
B지역 : $8 \times 0.2 + 7 \times 0.15 + 2 \times 0.1 + 2 \times 0.1 + 6 \times 0.25 + 7 \times 0.2$
$= 1.6 + 1.05 + 0.2 + 0.2 + 1.5 + 1.4 = 5.95(점)$
C지역 : $9 \times 0.2 + 3 \times 0.15 + 2 \times 0.1 + 5 \times 0.1 + 1 \times 0.25 + 8 \times 0.2$
$= 1.8 + 0.45 + 0.2 + 0.5 + 0.25 + 1.6 = 4.8(점)$
D지역 : $6 \times 0.2 + 8 \times 0.15 + 6 \times 0.1 + 8 \times 0.1 + 5 \times 0.25 + 7 \times 0.2$
$= 1.2 + 1.2 + 0.6 + 0.8 + 1.25 + 1.4 = 6.45(점)$
E지역 : $3 \times 0.2 + 5 \times 0.15 + 7 \times 0.1 + 7 \times 0.1 + 5 \times 0.25 + 4 \times 0.2$
$= 0.6 + 0.75 + 0.7 + 0.7 + 1.25 + 0.8 = 4.8(점)$
따라서 총점이 높은 D지역과 B지역이 선정된다.

43 ▸ ③

8월 28일 9시에 열리는 개회식에 참석해야 하므로, 입국 과정 1시간 30분, 호텔까지의 이동시간인 1시간을 고려하면 취리히 공항에 6시 30분에는 도착해야 한다. 이에 해당하는 항공편은 6:30에 도착하는 0122편과 6:20에 도착하는 0427편이다. 이 중 가격이 더 저렴한 0122편을 선택하면, 항공권 가격은 1,200,500원이다.

Session 4에 참석하고 나오면 오후 12시이고, 공항까지 가는 1시간과 수속과정에서 걸리는 1시간 30분의 시간을 고려하면 14시 30분 이후 출발하는 비행편을 이용할 수 있다. 이에 해당하는 항공편은 0622편과 0502편이고 이 중 가격이 더 저렴한 0622편의 항공권 가격은 1,108,000원이다.

따라서, 왕복하는 데 드는 항공권 가격은
1,200,500+1,108,000=2,308,500(원)이다.

44 ▸ ⑤

8월 27일 오후 10시에 미팅이 끝나고 인천공항에 10시 30분에 도착한 후 수속 과정을 거치면 28일 오전 0시 이후 비행편을 이용할 수 있다. 이에 해당하는 항공편은 01:20에 출발하는 0427편뿐이고, 항공권 가격은 1,425,000원이다.

8월 31일 오후 2시에 열리는 회의에 참석하기 위해서는 수속시간 1시간 30분과 이동시간 30분을 고려했을 때 인천공항에 오후 12시에는 도착해야 한다. 이에 해당하는 항공편은 08:20에 도착하는 0520편과 09:05에 도착하는 0502편이며, 이 중 항공권 가격은 1,232,000원으로 0520편이 더 저렴하다.

따라서 왕복하는 데 드는 항공권 가격은
1,425,000+1,232,000=2,657,000(원)이다.

45 ▸ ①

B는 근무태도와 제안채택 항목에서 5점 이하이므로 추천에서 제외되고, D, G는 근무태도와 조직적응 점수의 합이 12점 이하이므로 추천에서 제외된다.

따라서 나머지 A, C, E, F의 가중치를 부여한 점수 합을 구하면 아래와 같다.

A : $10×0.1+9×0.15+7×0.25+9×0.3+7×0.2$
　　$=1+1.35+1.75+2.7+1.4=8.2$(점)

C : $7×0.1+8×0.15+10×0.25+7×0.3+7×0.2$
　　$=0.7+1.2+2.5+2.1+1.4=7.9$(점)

E : $10×0.1+6×0.15+8×0.25+9×0.3+7×0.2$
　　$=1+0.9+2+2.7+1.4=8$(점)

F : $6×0.1+7×0.15+7×0.25+7×0.3+6×0.2$
　　$=0.6+1.05+1.75+2.1+1.2=6.7$(점)

갑 부서에서 추천하는 부서원은 A, E이다.

46 ▸ ③

D, G는 추천에서 제외하고 A, B, C, E, F의 가중치를 부여한 점수 합을 구하면 아래와 같다.(B는 제안채택 항목이 제외되며 추천에 포함된다.)

A : $10×0.1+9×0.2+7×0.4+9×0.3$
　　$=1+1.8+2.8+2.7=8.3$(점)

B : $5×0.1+7×0.2+9×0.4+6×0.3$
　　$=0.5+1.4+3.6+1.8=7.3$(점)

C : $7×0.1+8×0.2+10×0.4+7×0.3$
　　$=0.7+1.6+4+2.1=8.4$(점)

E : $10×0.1+6×0.2+8×0.4+9×0.3$
　　$=1+1.2+3.2+2.7=8.1$(점)

F : $6×0.1+7×0.2+7×0.4+7×0.3$
　　$=0.6+1.4+2.8+2.1=6.9$(점)

점수 합이 가장 높은 C를 추천한다.

47 ▸ ⑤

각 업체의 점수와 총합을 나타내면 다음과 같다.

업체	가격 점수	성능 점수	실적 건수 점수	총점
A	60×0.3=18	90×0.4=36	80×0.3=24	78
B	70×0.3=21	80×0.4=32	60×0.3=18	71
C	80×0.3=24	80×0.4=32	80×0.3=24	80
D	50×0.3=15	90×0.4=36	100×0.3=30	81
E	60×0.3=18	100×0.4=40	80×0.3=24	82

총점이 가장 높은 E업체가 우선협상 대상자가 된다.

48 ▸ ③

바뀐 비율에 따른 점수와 총합은 다음과 같다.

업체	가격 점수	성능 점수	실적 건수 점수	총점
A	60×0.4=24	90×0.4=36	80×0.2=16	76
B	70×0.4=28	80×0.4=32	60×0.2=12	72
C	80×0.4=32	80×0.4=32	80×0.2=16	80
D	50×0.4=20	90×0.4=36	100×0.2=20	76
E	60×0.4=24	100×0.4=40	80×0.2=16	80

C업체와 E업체의 총점이 80점으로 동점이다. 동점일 경우 가격이 더 낮은 업체가 우선협상 대상자가 되므로, 둘 중 가격이 낮은 C업체가 우선협상 대상자가 된다.

49 ▸ ⑤

40수 수건 가격에 가장 저렴한 종이 포장상자 비용을 더한 비용을 업체별로 계산하면 아래와 같다.

A사 : $\{(1,850원×3)+(200-50)원\}×500$
　　　$=2,850,000$(원)

B사 : $\{(1,850원×3×0.95)+180원\}×500=2,726,250$(원)

C사 : {(1,900원×3)+220원}×500−(30,000원×5)
　　＝2,810,000(원)
D사 : {(1,750원×3)+180원}×500=2,715,000(원)
D사에서 제작하는 경우가 2,715,000원으로 가장 저렴하다.

50 ▸ ①

ⅰ) A사의 경우
　직원 선물용 300세트만 상자 가격을 개당 50원 할인받는다.
　직원 선물용 : {(1,850원×3)+(200−50)원}×300
　　＝1,710,000(원)
　외부 선물용 : {(1,500원×3)+280원}×150=717,000(원)
　1,710,000원+717,000원=2,427,000(원)
ⅱ) B사의 경우
　직원 선물용 300세트만 수건 가격을 5% 할인받는다.
　직원 선물용 : {(1,850원×3×0.95)+180원}×300
　　＝1,635,750(원)
　외부 선물용 : {(1,600원×3)+340원}×150=771,000(원)
　1,635,750원+771,000원=2,406,750(원)
ⅲ) C사의 경우
　직원 선물용 세트 주문 시 9만 원, 외부 선물용 세트 주문 시 3만 원 할인을 받는다.
　직원 선물용 : {(1,900원×3)+220원}×300−(30,000원×3)
　　＝1,686,000(원)
　외부 선물용 : {(1,550원×3)+240원}×150−30,000원
　　＝703,500원(원)
　1,686,000원+703,500원=2,389,500(원)
ⅳ) D사의 경우
　직원 선물용 : {(1,750원×3)+180원}×300=1,629,000(원)
　외부 선물용 : {(1,600원×3)+360원}×150=774,000(원)
　1,629,000원+774,000원=2,403,000(원)
따라서 제작비용이 가장 저렴한 업체부터 나열하면, C−D−B−A가 된다.

기술능력

41 ▸ ③

① 물에서 불쾌한 맛이나 냄새가 날 때 정품필터로 교체를 해준다.
② 온수·냉수 동작 레버가 고장인 것 같을 때 고객상담실로 연락해야 한다.
④ 급수 호스가 꺾이면 원수 공급이 원활하지 않을 수 있다.
⑤ 보증 기간 이내에 소비자의 실수로 정수기가 고장 났으나 수리가 불가능한 경우 유상수리에 해당하는 금액징수 후 제품을 교환해준다.

42 ▸ ④

여러 부위의 고장으로 총 4회 수리를 받았으나 수리가 불가능할 정도로 고장이 재발하면 제품 교환 또는 구입가 환불을 해준다.

43 ▸ ②

소비자가 수리 의뢰한 정수기를 사업자가 분실했을 경우 보증 기간이 경과한 정수기에 대해서 정액 감가상각한 금액에 구입가의 10%를 가산하여 환불해줘야 한다.
먼저 감가상각비를 구하면 $\frac{500,000}{10}=50,000$(원)이고, 6년간 사용했으므로 300,000원의 감가상각비를 제외한 200,000원을 환불받을 수 있다. 또한 여기에 구입가의 10%를 가산한다고 하였으므로 500,000원의 10%인 50,000원의 비용을 추가로 환불받을 수 있다.
따라서 보증 기간이 경과한 J씨가 받을 보상 금액은 200,000+50,000=250,000(원)이다.

44 ▸ ①

① 글로벌 벤치마킹에 대한 설명이다. 비경쟁적 벤치마킹은 제품, 서비스 및 프로세스의 단위 분야에 있어 가장 우수한 실무를 보이는 비경쟁적 기업 내의 유사 분야를 대상으로 한다.

45 ▸ ②

R씨가 한 벤치마킹은 글로벌 벤치마킹, 직접적 벤치마킹이라고 볼 수 있다. 경쟁적 벤치마킹은 동일업종인 것은 맞지만 고객을 직접적으로 공유하는 경쟁기업인지는 알 수 없으므로 R씨가 수행한 벤치마킹에 해당한다고 보기 어렵다.

46 ▸ ②

② 판매처에서 사은품으로 제공한 장치를 설치 요청할 때는 수수료가 부과된다.

47 ▸ ③

③ 노트북 어댑터에 연결되는 전원 케이블을 밀착시켜 꽂아야 하는 이유는 헐거워지면 접촉 불량에 의해 화재가 발생할 우려가 있기 때문이다.

48 ▸ ①

① 구입 후 1개월 이내에 중요한 수리를 요할 때에 해당하므로, 제품교환을 받을 수 있다.
② 표에 해당하는 보증내역이 없으므로 알 수 없다.

③ 동일 하자로 2회까지 고장 발생 시에 해당하므로, 무상수리 또는 유상수리를 받게 된다.
④ 교환된 제품이 1개월 이내에 중요한 수리를 요할 때에 해당하므로, 구입가 환급을 받게 된다.
⑤ 동일 하자로 2회까지 고장 발생 시에 해당하므로, 무상수리 또는 유상수리를 받게 된다.

49 ▸ ①

냉장이 되지 않는 경우, "온도 유지" 체크가 되어 있는지 확인하거나 "재가동" 모드로 설정되어 있는지 확인해야 한다.

50 ▸ ③

소비자 과실로 인한 고장이며 구입 후 한 달 이내에 발생한 일이므로, 동일제품으로 교환 또는 무상 수리가 가능하다.

한국농어촌공사

직업기초능력평가